Mehr als 100 klassische Rezepte

Italien

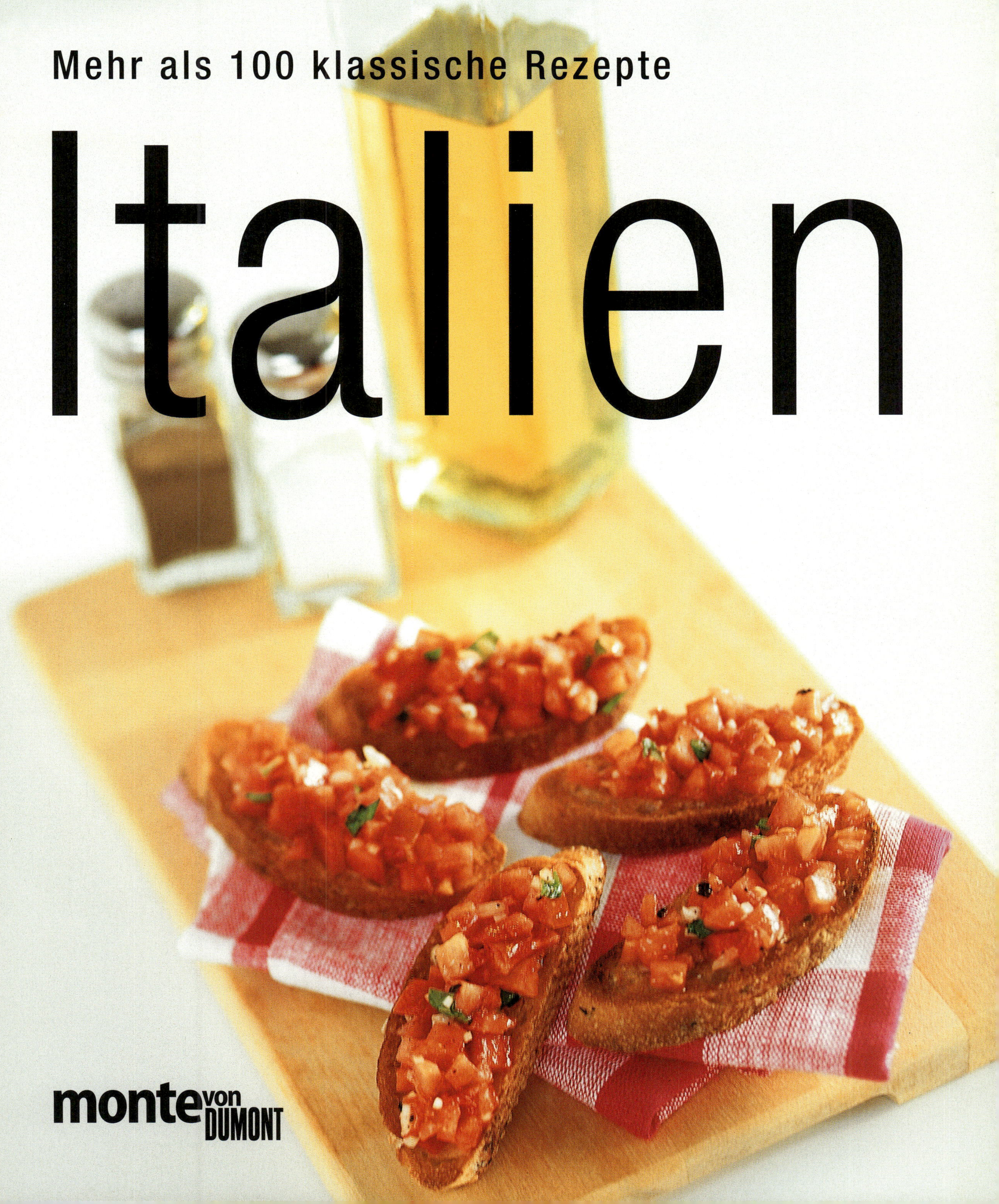

monte von DUMONT

Inhalt

Pelati

1. Einleitung

Italien begeistert uns immer wieder mit seiner einzigartigen Kultur, der faszinierenden Landschaft, der familienfreundlichen Mentalität und nicht zuletzt durch seine einfache und dennoch raffinierte Küche. Wer einmal italienische Gastfreundschaft im Kreise einer Familie miterlebt hat, wird dies nie vergessen. Denn die einfachsten Gerichte, wie zum Beispiel Spaghetti mit Tomatensoße oder leckere Crostini, werden zum kulinarischen Highlight, wenn sie mit Liebe, Geduld und Sorgfalt zubereitet und in lockerer, geselliger Runde verzehrt werden.

Und obwohl – bedingt durch die geografische Lage der langgezogenen Halbinsel – die Gerichte der einzelnen Regionen sehr unterschiedlich sind, eines haben sie alle gemeinsam: eine faszinierende Einfachheit, die in erster Linie von der Frische und der Qualität der Produkte lebt.

Von Nord nach Süd gibt es Pasta in allen Variationen, Risotti vom Feinsten, herrliche Fisch- und Fleischgerichte und natürlich die vielen unwiderstehlichen Dolci. All diese verlockenden Köstlichkeiten können Sie auch ganz einfach zu Hause zubereiten. Lassen Sie sich mit unseren Rezepten verführen zu einer kulinarischen Traumreise durch Italien.

Die italienische Küche ist aber nicht nur abwechslungsreich und köstlich, sie ist auch ausgesprochen gesund und daher empfehlenswert für alle, die sich vernünftig ernähren wollen. Zutaten wie Olivenöl, Fisch, Gemüse, Früchte und frische Kräuter sind besonders wertvoll für unsere Ernährung.

Sonnengereiftes Gemüse und Obst ist prall gefüllt mit Vitaminen und Mineralstoffen. Frisch gepresstes Olivenöl versorgt unseren Körper mit lebensnotwendigen ungesättigten Fettsäuren wie beispielsweise Linolsäure.

Hinzu kommt die unkomplizierte und schonende Zubereitung der Gerichte und die Art und Weise des Genießens – alles so natürlich wie möglich gegart und ohne Hektik in Ruhe essen. So liebt man es Italien!

Vorweg ein bisschen Antipasti oder ein kleiner Salat, um den Magen langsam auf das Essen einzustimmen. Anschließend eine leicht bekömmliche Pasta oder ein Risotto. Der Fleisch- oder Fischgang entspricht mengenmäßig eher einer Beilage als einem Hauptgericht. Mehrere kleine Portionen, das bedeutet mehr Genuss und der Körper hat es leichter mit der Verdauung. Man isst ja schließlich nicht nur, um satt zu werden, sondern vor allem auch, um sich mit der aufgenommenen Nahrung wohl zu fühlen.

Nirgendwo auf der Welt gibt es so viele Rebstöcke wie in bella Italia. Die Italiener sind Nummer eins in der Welt bei der Weinproduktion.

Im Land, wo die Zitronen blühen, war Wein niemals Genuss-, sondern ein Nahrungsmittel wie Brot, Olivenöl und Tomaten. Und das ist auch heute noch so – ein Essen ohne Vino ist für die meisten Italiener unvorstellbar. Wein ist in erster Linie Begleiter zum Essen und nicht wie bei uns ein Getränk zum gemütlichen Beisammensein. Das klingt zwar etwas spartanisch, ist es aber nicht, denn im Stiefelland speist man dafür etwas länger als hierzulande. Man bevorzugt den Wein der Region und in den meisten Fällen harmoniert er auch wunderbar mit den jeweiligen klassischen Gerichten. Italiener sind Traditionalisten und stehen zu den Produkten ihrer Heimat.

Zu Antipasti serviert man einen frischen, zartfruchtigen Weißwein. Die beste Begleitung zu den meisten Pasta-Gerichten sind leichte, nicht zu tanninreiche Rotweine und zum Fleischgang darf's dann schon ein Roter mit Power sein. Ein feines Essen beschließt man am liebsten mit Espresso und einer Grappa.

Buon appetito e salute!

2. Kleine Küchenhelfer und Küchengeräte

Lasgneform

Unerlässlich für Gemüse- oder Fleischaufläufe. Die Zutaten für die Lasagne werden in die feuerfeste Form geschichtet und im Ofen gegart. Am besten gleich in der Form servieren. Das sieht nicht nur hübsch aus, es hält die Lasagne auch warm.

Nudelholz

Alle festen Teige, wie z.B. Mürbteig, Hefeteig oder Nudelteig, kann man mit dem Nudelholz in gewünschter Stärke und Größe ausrollen. Wichtig ist der gleichmäßige Druck mit beiden Händen.

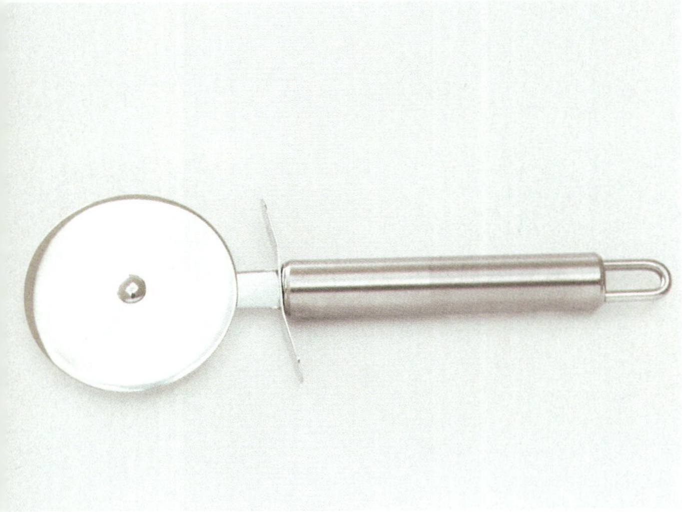

Pizzaschneider

Ob Käsekruste oder knuspriger Teigrand – mit dem kleinen scharfen Pizzarad lässt sich jede Pizza mühelos in gleichmäßige Teile schneiden.

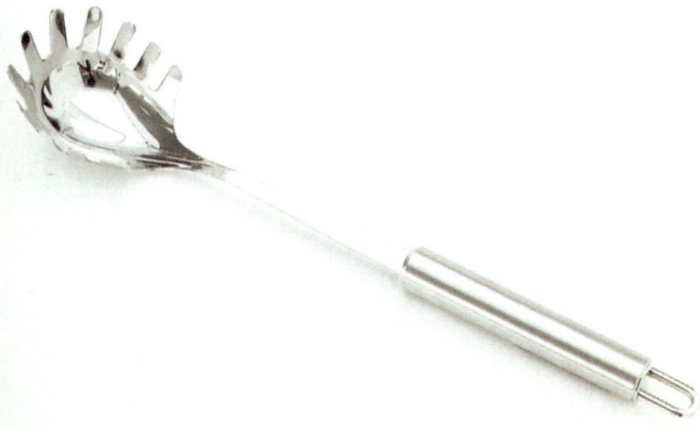

Spaghettilöffel

Durch die praktischen Zacken am Rand hält die Pasta gut auf dem Löffel. Spaghetti, Penne oder Linguine lassen sich damit einfach portionieren.

Schneiderad zum schneiden von Ravioli

Ravioli-Ausstecher

Wer keine speziellen Ravioli-Ausstecher hat, nimmt statt dessen Ausstecher von der Weihnachtsbäckerei.

Mörser

Zum Zerstoßen und Zerkleinern von Gewürzen, wie Pfefferkörner, Wacholder, Nelken. Wichtiges Küchenutensil zur Zubereitung von Pesto.

Nudelmaschine

Für die frisch zubereitete Pasta zu Hause, wie Lasagneblätter, Ravioli, Fettuccine und Spaghetti. Das Arbeiten damit ist so einfach, dass auch Kochanfänger eine köstliche Pasta zubereiten können.

Parmesanreibe

Mit diesem einfachen Küchengerät reibt man im Handumdrehen frischen Parmesan. Es ist aber auch für andere Hartkäsesorten gut geeignet. Am besten stellt man die Käsereibe einfach auf den Tisch, so kann sich jeder nach Geschmack bedienen.

3. Italien in unserer Küche

GIAGUARO
DOUBLE CONCENTRATED
TOMATO PASTE

Nudelteig

Grundrezept:

400 g Mehl

200 g Hartweizengrieß

3 Eier

6 Eigelbe

2 EL Öl

1 Prise Salz

Mehl mit allen anderen Zutaten vermengen und zu einem glatten Teig verkneten. Durch das Öl wird der Nudelteig geschmeidig und lässt sich anschließend besser ausrollen. Nudelteig in Klarsichtfolie wickeln und etwa 1 Stunde ruhen lassen.

Grüner Nudelteig

Für den grünen Nudelteig – auch Spinatnudeln genannt – sehr fein pürierten Spinat mit den Zutaten des Grundrezepts Nudelteig zu einem glatten Teig verkneten.

Etwa 500 g Spinat in reichlich Salzwasser 8 Minuten weich kochen. Über einem Sieb abgießen und kräftig ausdrücken. Den trockenen Spinat im Mixer fein pürieren und mit Mehl, Grieß, Eiern, Eigelben, Öl und Salz zu einem glatten Teig verkneten. Gegebenenfalls noch etwas Mehl unterarbeiten. Grünen Nudelteig in Klarsichtfolie wickeln und etwa 1 Stunde ruhen lassen.

Ravioli

Die beliebte Nudelvariante gibt es mit vielseitiger Füllung auf der Basis von Fleisch, Geflügel, Fisch oder Gemüse. Das Formen erfordert zwar ein wenig Übung und Geduld, aber das hübsche und schmackhafte Ergebnis lässt die Mühe schnell vergessen.

Step 1

Nudelteig (siehe Seite 22) zubereiten und mit der Nudelmaschine dünn ausrollen. Wichtig ist es, den Teig mehrmals durch die Maschine zu rollen. Die Platten dabei immer wieder mit Mehl bestäuben, zusammenfalten und wieder durch die Maschine drehen. So erhält der Teig die gewünschte Konsistenz.

Für die Füllung 500 g Spinat in kochendem Salzwasser blanchieren (ergibt abgetropft etwa 180 g), in eiskaltem Wasser abschrecken, ausdrücken und fein hacken.

Spinat mit 500 g Ricotta und 2 fein gehackten Knoblauchzehen vermengen. Die Masse mit Salz, Pfeffer und frisch geriebener Muskatnuss würzen.

Step 4

Beliebig mit runden oder eckigen Förmchen ausstechen und bis zur Weiterverarbeitung mit Mehl bestäuben. Wer keine Ausstecher zur Hand hat, kann die Ravioli auch mit einem Teigrädchen oder einem glatten Messer ausschneiden. Fertige Ravioli in kochendem Salzwasser etwa 4–5 Minuten kochen, mit einer Schaumkelle vorsichtig herausnehmen und mit Salbeibutter und frisch geriebenem Parmesan oder mit einer Tomatensoße servieren.

Step 2

Ricotta-Spinat-Füllung in einen Spritzbeutel mit Lochtülle geben und in etwa 5 cm Abstand kleine Häufchen auf die Teigplatte spritzen. Eigelb mit einigen Tropfen Wasser verquirlen. Ränder mit einem Pinsel dünn bestreichen.

Step 3

Füllung mit einer zweiten Teigplatte abdecken und die Ränder fest andrücken.

Ravioli

Für Ravioli verwendet man am besten feine Füllungen, wie Spinat-Ricotta-Füllung oder zarte Fleisch- oder Fischfarcen. Ravioli sollten möglichst gleich nach der Herstellung gekocht und serviert werden. Die hauchdünnen Nudelplatten weichen leicht auf und verlieren dann ihre Form. Ravioli in kochendes Salzwasser geben, aufsteigen lassen und vom Herd nehmen. Die Kochzeit richtet sich nach der Größe, kleine Ravioli brauchen etwa 2 Minuten und größere 5–7 Minuten.

Tortelloni

Diese Nudelform ähnelt einer Bischofskappe und sieht besonders appetitlich aus. Tortelloni nach der Herstellung auf einem bemehlten Brett etwas trocknen lassen und in sprudelndem Salzwasser etwa 5 Minuten kochen. Köstlich sind Tortelloni mit Lammfleischfüllung und würzigem Auberginensugo.

Tortellini

Die kleinen gefüllten Teigtaschen können sowohl in einer kräftigen Brühe oder als warme Vorspeise serviert werden. Für eine Fleischfüllung beispielsweise gemischtes Hackfleisch krümelig braten und mit Rosmarin und Thymian würzen. Leicht abkühlen lassen, mit Eigelb binden und die Tortellini damit füllen. In sprudelndem Salzwasser je nach Größe etwa 5 Minuten kochen.

Cannelloni

Die Teigrollen kann man aus weißem oder grünem Nudelteig mit bliebiger Füllung herstellen. Fleisch von Schwein, Lamm oder Rind eignet sich genauso gut wie von Hähnchen oder Pute. Sehr fein schmecken Cannelloni mit einer Zander- oder Hechtfarce. Die Rollen werden stets von einer Soße umhüllt. Zu Fisch-Cannelloni etwa passt eine Champagner- oder Senfsoße, der Phantasie sind aber keine Grenzen gesetzt. Cannelloni kann man wunderbar vorbereiten, kurz vor dem Servieren bäckt man sie im vorgeheizten Backofen bei 180 °C je nach Füllung in etwa 20 Minuten fertig.

Pesto

Die beliebte kalte Soße passt am besten zu Spaghetti. Sie schmeckt aber auch zu gebratenem Fleisch wie zu Lammkoteletts oder kleinen Kalbsschnitzeln. Pesto hält sich in einem gut verschlossenen Glas im Kühlschrank einige Tage frisch.

Zubereitung

1 Bund Basilikum, 1 Thymianzweig, 2 Knoblauchzehen, 2 EL geröstete Pinienkerne, 6 EL frisch geriebener Parmesan, 200 ml Olivenöl, Salz, schwarzer Pfeffer aus der Mühle

Basilikum- und Thymianblätter abzupfen, Knoblauchzehen schälen und alles im Mörser mit den Pinienkernen fein zerreiben. Parmesan und Öl langsam einrühren und mit Salz und Pfeffer würzen. Wer keinen Mörser hat, kann die Zutaten auch im Mixer zerkleinern.

MOZZARELLA AUS
BÜFFELMILCH

4. Gewürze und andere Zutaten

Senffrüchte

Früchte wie Kirschen, Pflaumen, Pfirsiche, Feigen, Mirabellen und Birnen werden mit Zucker, Glukosesirup, Wasser und Senföl konserviert. Durch ihre pikante Schärfe harmonieren die Früchte gut mit Geflügel und Fleischgerichten.

Mozzarella

Der beliebte weiche, leicht säuerlich schmeckende Käse wird ursprünglich aus Büffelmilch hergestellt. Er ist meist in Salzlake eingelegt und verpackt erhältlich. Mozzarella schmeckt kalt am besten mit Tomaten, Olivenöl und frischem Basilikum. Er eignet sich aber auch hervorragend zum Überbacken von Aufläufen und auf Pizzen.

Parmesan

Der feste Hartkäse aus Kuhmilch ist ein Klassiker der italienischen Küche. Er ist bekannt für sein kräftiges Aroma und verfeinert frisch gerieben Pasta und Risotti. Feinschmecker genießen Parmesan auch gerne stückchenweise, beträufelt mit Olivenöl, und reichen dazu frisches Weißbrot und ein Glas Rotwein.

Peperoncini

Diese kleinen roten »Teufel« gibt es frisch oder getrocknet. Sie verleihen allen Gerichten eine angenehme Schärfe. Was richtig scharf macht, sind die Kerne der Frucht. Deshalb bei empfindlichem Gaumen die Kerne der frischen Peperoncini entfernen und nur das Fruchtfleisch verwenden.

Salbei

In der italienischen Küche wird gerne frischer Salbei verwendet. Sei es in Butter gebraten zu Gnocchi, als Würze für Kalb- oder Geflügelfleisch oder zu Fisch. Salbei erkennt man an den länglichen, behaarten Blättern, die sehr kräftig riechen und würzig schmecken.

Oregano

Er wird auch wilder Majoran genannt. Ob getrocknet auf der Pizza oder frisch in Tomatensoße – Oregano sorgt für den richtigen Pfiff. Auch Kartoffelgerichte würzt man gerne mit Oregano.

Rosmarin

Die grünen Nadeln des Rosmarins spielen in der Mittelmeerküche eine bedeutende Rolle. Ob Fisch, Fleisch, Gemüse oder Kartoffeln – Rosmarin verleiht immer ein ganz spezielles mediterranes Aroma. Frisch geerntet ist das Aroma am intensivsten. Deshalb bei der Dosierung aufpassen – zu viel davon kann den Eigengeschmack der verwendeten Zutaten zu sehr übertönen. In der Kombination mit Thymian ist er unschlagbar.

Basilikum

Der absolute Spitzenreiter unter den frisch verwendeten Küchenkräutern sind die aromatischen Blätter dieses einjährigen Würzkrautes. Sie verfeinern Salate ebenso wie mediterrane Gerichte jeder Art. Ein Muss zu allen Speisen rund um die Tomate. Ein Töpfchen mit frischem Basilikum auf dem Fensterbrett oder im Garten ist daher ratsam.

Pinienkerne

Der Preis dieser ölhaltigen, sehr geschmacksintensiven stiftförmigen Samen ist stolz, aber die Ausgabe lohnt sich. Unvergleichlich der Geschmack eines klassischen Pesto mit Pinienkernen. Ob würzig oder süß zubereitet: Gerichte mit Pinienkernen sind immer ein Hochgenuss. Geröstet schmecken Pinienkerne noch intensiver. Zum Rösten in einer Pfanne benötigt man kein Fett, da die Samen ohnehin genügend Fett enthalten.

Rosinen

Die luftgetrockneten Beeren werden in der italienischen Küche nicht nur für Süßspeisen verwendet. Kalbsleber mit Rosinen und Pinienkernen ist beispielsweise ein herzhaftes Gericht, in dem Säure und Süße kombiniert werden. Aber mit Fisch harmoniert diese natürliche Süße hervorragend. Die getrockneten Beeren werden am besten in lauwarmem Schwarztee eingeweicht. Je nach Gericht verleihen Cognac, Calvados oder Rum den Rosinen zusätzlich noch ein interessantes Aroma.

Auberginen

Um ihre Bitterkeit zu mildern, bestreute man sie früher mit Salz, ließ sie 30 Minuten schwitzen und drückte sie dann aus. Heute ist dies kaum noch notwendig, da die Bitterkeit fast völlig weggezüchtet wurde. Auberginen müssen eine glatte, glänzende Haut haben. Längeres Lagern bekommt ihnen nicht, bei Temperaturen unter 5 °C werden sie fleckig. Neben den bekannten auberginefarbenen Eierfrüchten findet man in gutsortierten Gemüseläden auch gelbe und weiße, meist rund geformte Auberginen. Sie unterscheiden sich jedoch nur optisch, nicht aber geschmacklich.

5. Fonds, Soßen und Vinaigrettes

CIAGUARO
DOUBLE CONCENTRATED
TOMATO PASTE

Krustentiersud

Es lohnt sich, etwas Krustentiersud als eiserne Reserve zu haben, denn der Sud ist vielseitig verwendbar: für Suppen, Soßen oder zum Verfeinern von Nudelgerichten mit Fisch. Der Sud hält sich im Kühlschrank einige Tage, er lässt sich aber auch gut portionsweise einfrieren.

❶ Karotten, Sellerie und Schalotten in Würfel schneiden. Lauch ebenfalls grob würfeln und zur Seite legen.

❷ Krustentierschalen im Backofen bei 100 °C etwa 2 Stunden trocknen lassen. Anschließend klein hacken und etwa 5 Minuten in heißer Butter bei schwacher Hitze anbraten. Karotten, Sellerie, Schalotten, Knoblauch und Tomatenmark dazugeben und weitere 5 Minuten bei gleicher Hitze mitanrösten.

❸ Kräuter und Gewürze dazugeben, kurz mitbraten und mit Weißwein und Portwein ablöschen. Den Lauch hinzufügen und mit grobem Meersalz würzen.

❹ Mit Wasser oder Fischsud aufgießen und offen etwa 35 Minuten leise köcheln lassen.

❺ Den Sud durch ein feines Sieb passieren.

Zutaten für 1 l Sud

2 Karotten, geschält
1/2 Sellerieknolle, geschält
3 Schalotten, geschält
1 Stange Lauch, geputzt (nur das Weiße)
1 kg Schalen von Kaisergranaten und Flusskrebsen
50 g Butter
3 Knoblauchzehen, angedrückt
1 EL Tomatenmark
3 Lorbeerblätter
2 Thymianzweige
4 Dillzweige
4 Petersilienzweige
1/2 TL Fenchelsamen
100 ml trockener Weißwein
5 cl weißer Portwein
grobes Meersalz
1,5 l Wasser oder Fischsud

Thunfischsoße

2 Schalotten, geschält und in kleine Würfel geschnitten
1 EL Olivenöl
6 Sardellen,
1 1/2 EL Kapern, klein gehackt
2 Dosen Thunfisch in Öl
4 EL Mayonnaise
50 g Sahne
50 ml trockener Weißwein
1 Zitrone zum Garnieren
Salz
Zucker
weißer Pfeffer aus der Mühle
1 EL gehackte Petersilie

Was wäre die klassische italienische Küche ohne Vitello tonnato, der verführerischen Kombination von Fleisch und Fisch. Kalbfleisch wird im Ofen langsam gegart, ausgekühlt, dünn aufgeschnitten und mit Thunfischsoße und frischer Zitrone serviert. Die Soße kann man gut vorbereiten, denn sie hält sich zwei bis drei Tage im Kühlschrank. So zaubert man blitzschnell ein köstliches Abendessen. Die Soße schmeckt aber auch solo, als Dip für Gemüsesticks oder einfach nur mit frischem Weißbrot.

❶ Schalotten in Olivenöl glasig andünsten, Sardellen und Kapern dazugeben, mit Salz und Pfeffer würzen und abkühlen lassen.

❷ Thunfischstücke über einem Sieb abtropfen lassen und mit Mayonnaise, Sahne, Weißwein, abgekühlter Zwiebelmasse miteinander vermengen und mit dem Mixstab fein pürieren. Mit Salz, einer Prise Zucker und Pfeffer abschmecken. Mit Petersilie verfeinern.

Zutaten für 4 Personen

Walnuss-Honig-Soße

80 g gemischte Senffrüchte, in kleine Würfel geschnitten
80 g gehackte Walnüsse
1 EL gehackte Mandeln
2 EL Honig
2 EL geriebenes Weißbrot
3 EL Senffruchtfond
Salz
schwarzer Pfeffer aus der Mühle

Diese Kombination aus Schärfe, Süße und Nussgeschmack passt perfekt zu geschmortem Fleisch und gegrilltem Fisch.

❶ Klein geschnittene Früchte mit Walnüssen, Mandeln, Honig und geriebenem Weißbrot vermischen. Senffruchtfond einrühren und mit Salz und Pfeffer würzen.

Zutaten für 4 Personen

Geflügelfond

1 kg Geflügelkarkassen
1 Zwiebel, geschält
1 Bund Suppengemüse
2 Thymianzweige
etwas unbehandelte Orangen- und Zitronenschale
1/4 l Weißwein
2 Nelken
1 Lorbeerblatt
5 schwarze Pfefferkörner
Salz

Für einen Geflügelfond eignen sich die Karkassen (Knochengerippe) von Hähnchen, aber auch die Knochen von Pute oder Truthahn. Für Wildgerichte verwendet man am besten einen Fond aus Perlhuhn, Ente oder Wildente. Das Aroma wird besonders intensiv, wenn man die Geflügelteile erst in Öl anbrät, bevor man mit Flüssigkeit aufgießt.

❶ Die Geflügelknochen unter fließendem kaltem Wasser säubern, abgießen und mit 1 l kaltem Wasser zum Kochen bringen. Gemüse, Kräuter, Orangen- und Zitronenschale sowie Gewürze zugeben.

❷ Weißwein zugeben und etwa 1 Stunde langsam köcheln lassen. Durch ein feines Sieb passieren und leicht salzen.

Zutaten für 3/4 l Fond

Fischfond

1 kg Fischkarkassen
1 Zwiebel, geschält
1/2 Fenchelknolle
2 Stangen Staudensellerie
1 Knoblauchzehe, in der Schale angedrückt
1 TL Butter
100 ml trockener Weißwein
1 l Wasser
1 Thymianzweig
1 Lorbeerblatt
10 weiße Pfefferkörner, zerstoßen
grobes Meersalz

Karkassen am besten nur von weißfleischigen Fischsorten verwenden, dann bleibt der Fond klar und hat außerdem einen neutralen Geschmack.

❶ Fischkarkassen 30 Minuten wässern, damit das Blut vollständig ausgewaschen ist und der Fond nicht trüb wird. Gemüse waschen, in Würfel schneiden und in Butter ohne Farbe anschwitzen. Abgetropfte Karkassen dazugeben, mit Weißwein ablöschen und mit kaltem Wasser aufgießen. Kräuter und Gewürze hinzufügen und langsam zum Kochen bringen.

❷ Etwa 30 Minuten leicht köcheln lassen, gelegentlich den entstehenden Schaum abschöpfen. Den Fond durch ein feines Sieb passieren und beliebig weiterverarbeiten.

Zutaten für 3/4 l Fond

Vinaigrette S. Stefano

Die raffinierte Marinade besticht durch ihre würzige Süße und passt super zu gebratenem oder gegrilltem Fleisch, aber auch zu Fisch und Geflügel. Ein Hochgenuss sind gebratene und in dieser Vinaigrette gut durchgezogene Sardinen.

❶ Pinienkerne in einer Pfanne ohne Fett goldbraun rösten und etwas abkühlen lassen. Dann grob hacken. Kapern und Rosinen fein hacken und mit dem Olivenöl verrühren.

❷ Pinienkerne und etwas Zitronensaft hinzufügen und mit Salz und Pfeffer würzen. Je nach Süßkraft der Rosinen mit etwas Zucker verfeinern.

Zutaten für 4 Personen

2 EL Pinienkerne
1 EL Kapern
1 EL Rosinen
8 EL Olivenöl
etwas Zitronensaft
Salz
weißer Pfeffer aus der Mühle

Orangen-Vinaigrette

Diese Marinade ist eine ideale Basis-Vinaigrette zum Anmachen von Salaten und zum Marinieren von Fisch und Geflügel. Je nach eigenem Geschmack kann man sie beliebig variieren. Besonders lecker schmeckt Carpaccio vom Seeteufel mit Orangen-Vinaigrette.

❶ Saft und Schale der Orange mit Olivenöl verrühren und mit Honig, Salz und Pfeffer würzen.

❷ Thymianblätter zur Vinaigrette geben und etwas ziehen lassen.

Zutaten für 4 Personen

Saft und Schale von
1 unbehandelten Orange
5 EL Olivenöl
1 EL Akazienhonig
Salz
weißer Pfeffer aus der Mühle
einige abgezupfte
Thymianblätter

Tomatensugo

Tomatensugo immer gleich in einer größeren Menge zubereiten. Er hält sich im Kühlschrank mehrere Tage – somit ist ein überraschender Besuch oder ein schnelles Essen nach einem anstrengenden Arbeitstag kein Problem. Die Pasta ist rasch gekocht und mit der selbst gemachten Tomatensoße, frischem Basilikum und geriebenem Parmesan ist im Nu ein leckeres Essen auf dem Tisch.

Zutaten für etwa 3/4 l Soße

2 Karotten, geschält
1/2 Knollensellerie, geschält
1 Petersilienwurzel, geschält
2 Zwiebeln, geschält
4 Knoblauchzehen, in der Schale angedrückt
1 EL Tomatenmark
1 Dose Tomaten (800 g)
2 Thymianzweige
1 Rosmarinzweig
1 Salbeizweig
2 Lorbeerblätter
2 Nelken
3 Pfefferkörner
4 Strauchtomaten, enthäutet und entkernt
Olivenöl
Salz, Zucker

❸ Tomaten in grobe Würfel schneiden und nach etwa 20 Minuten Kochzeit dazugeben.

❹ Tomatensoße etwa 2 Stunden langsam köcheln lassen, falls nötig mit etwas Wasser oder Brühe begießen.

❺ Die Soße durch ein Sieb passieren, leicht salzen und vollständig auskühlen lassen. In verschließbare Gläser füllen und kühl stellen.

❶ Wurzelgemüse und Zwiebeln in 1 cm große Würfel schneiden, in einem Topf in 2 EL Olivenöl anbraten. Mit 1 gestrichenen EL Zucker bestreuen, Tomatenmark dazugeben und weitere 5 Minuten rösten.

❷ Kräuter einlegen und mit Schältomaten aufgießen. Dose etwa halb voll mit Wasser ausschwenken und zur Tomatensoße geben. Lorbeer, Pfefferkörner und Nelken hinzufügen.

6. Antipasti, Salate und Beilagen

Sizilianischer Orangensalat mit Fenchel und Oliven

Fenchelfans werden von diesem Salat begeistert sein. Er ist nicht nur eine wunderbare Beilage zu gebratenem Kabeljau oder Zander, sondern auch solo mit Weißbrot ein echter Renner.

Zutaten für 4 Personen

3 Orangen
2 kleine rote Zwiebeln
2 kleine Fenchelknollen
100 g schwarze Oliven (Kalamata)
4 EL Olivenöl
1 EL Weißweinessig
Salz
Zucker
schwarzer Pfeffer aus der Mühle

❻ Fenchelscheiben, Orangenfilets und Oliven auf Tellern anrichten und mit der Orangenmarinade beträufeln.

❼ Fenchelgrün grob hacken, einige Pfefferkörner im Mörser grob zerreiben und den Salat mit beidem bestreuen.

Wer möchte, verfeinert das Ganze mit Flusskrebsen oder Shrimps. Dieser knackige, klassische Wintersalat ist auf jedem Buffet ein Augen- und Gaumenschmaus.

❶ Die Orangen mit einem scharfen Messer so dick abschälen, dass die weiße Haut vollständig entfernt ist.

❷ Die Filets zwischen den Häutchen herauslösen, den abtropfenden Saft dabei auffangen.

❸ Orangensaft mit Weißweinessig und Olivenöl vermengen und mit Salz, einer Prise Zucker und Pfeffer würzen.

❹ Zwiebeln schälen, halbieren und der Länge nach in dünne Segmente teilen.

❺ Fenchel von Grün und Strunk befreien. Die Knolle mit einem Gurkenhobel oder einer Aufschnittmaschine vorsichtig in dünne Scheiben hobeln. Wer keines von beidem zu Hause hat, kann die Fenchelknollen auch mit einem scharfen Messer in hauchdünne Scheiben schneiden.

Tramezzini mit Schinkenrührei

❶ Crème fraîche mit Senf verrühren und mit Salz und Pfeffer würzen. 8 Brotscheiben von einer Seite und 4 Brotscheiben von beiden Seiten bestreichen.

❷ Eier aufschlagen, Milch dazugießen und gut miteinander verquirlen. In heißer Butter unter ständigem Rühren stocken lassen. Nach etwa 1 Minute den Schinken zugeben. Die Hälfte des Rühreis auf 4 Brotscheiben verteilen, die beidseitig bestrichenen Scheiben auflegen, restliches Rührei darauf verteilen. Mit Brotscheiben abschließen und diagonal halbieren.

2 EL Crème fraîche
1 TL scharfer Senf
Salz
schwarzer Pfeffer aus der Mühle
12 Scheiben Sandwichbrot
8 Eier (Größe M)
50 ml Milch
1 EL Butter
150 g gekochter Schinken, dünn aufgeschnitten und in 1 cm große Stückchen geschnitten

Bruschetta mit lauwarmem Oktopus

❶ Oktopus gründlich waschen. 1 l Wasser, Suppengemüse, 2 Knoblauchzehen, Spickzwiebel und Weißwein miteinander zum Kochen bringen. Mit Salz, Zucker, Fenchel und Pfeffer würzen und den Oktopus etwa 50 Minuten köcheln lassen.

❷ In der Zwischenzeit die Brotscheiben mit halbierten Knoblauchzehen einreiben und in einer Pfanne in heißem Olivenöl von beiden Seiten goldbraun rösten. Noch in der Pfanne mit etwas Salz und Pfeffer würzen. Auf Küchenpapier abtropfen lassen. Backofen auf 160 °C vorheizen.

❸ Oktopus aus dem Wasser nehmen, etwas abkühlen lassen und in 2 cm große Stücke teilen. 2 EL Olivenöl, Petersilie und Zitronensaft dazugeben und mit Salz und Pfeffer würzen. Geröstete Brotscheiben kurz im vorgeheizten Backofen erwärmen. Oktopussalat auf den gerösteten Brotscheiben verteilen und mit frischen Basilikumblättern dekorieren.

400 g küchenfertiger Oktopus, gesäubert
1 Bund Suppengemüse
4 Knoblauchzehen, geschält
1 Spickzwiebel (geschälte Zwiebel mit 1 Lorbeerblatt und 2 Nelken gespickt)
1/4 l trockener Weißwein
Salz
1 Prise Zucker
schwarzer Pfeffer aus der Mühle
1/2 TL Fenchelsamen
5 schwarze Pfefferkörner
16 Scheiben Weißbrot
Olivenöl
1 EL glatte Petersilie, gehackt
Saft von 1 Zitrone
einige Basilikumblätter

Zutaten für je 4 Personen

Gebratenes Kalbfleischtatar mit Steinpilzen

2 kleine Zwiebeln, geschält
Olivenöl
1 Thymianzweig
400 g Kalbfleisch (Oberschale)
Salz
schwarzer Pfeffer aus der Mühle
frisch geriebene Muskatnuss
1 EL Kapern
4 Sardellenfilets
2 Eigelbe (Größe M)
1 TL Dijon-Senf
1 Schuss Cognac
250 g Steinpilze
1 EL glatte Petersilie, fein gehackt
1 EL Butter

❶ Zwiebeln in kleine Würfel schneiden und in 1 EL Olivenöl glasig dünsten, abgezupfte Thymianblätter zugeben. Kalbfleisch und abgekühlte Zwiebeln durch die grobe Scheibe des Fleischwolfs drehen.

❷ Fleischmasse mit Salz, Pfeffer und Muskat würzen. Gehackte Kapern, Sardellen, Eigelbe, Senf und Cognac zugeben und gut vermengen. Steinpilze putzen und mit einem scharfen Messer oder dem Gurkenhobel in 1/2 cm dicke Scheiben schneiden.

❸ Kalbfleisch zu acht ovalen Plätzchen formen und in heißem Olivenöl von beiden Seiten etwa 4 Minuten bei schwacher Hitze braten. Steinpilze in einer Grillpfanne von beiden Seiten rösten, mit Salz, Pfeffer und Petersilie würzen und kurz vor dem Servieren in Butter schwenken. Gebratenes Kalbfleischtatar mit Steinpilzen und frischem Weißbrot servieren.

Peperonata mit Knoblauch

je 2 rote und gelbe Paprikaschoten, halbiert und entkernt
2 Knoblauchzehen, geschält
3 EL Olivenöl
1 EL Zucker
1 EL Paprikapulver, edelsüß
1 Spritzer Weißweinessig
Salz
Cayennepfeffer

Peperonata passt zu gebratenem Fisch und Fleisch. Sie kann aber auch kalt als Antipasto gereicht werden.

❶ Paprikaschoten mit einem Sparschäler schälen, dann in dünne Streifen schneiden. Knoblauch fein hacken und in heißem Olivenöl glasig braten. Paprikastreifen dazugeben, mit Zucker bestreuen und leicht karamellisieren lassen. Mit Paprikapulver bestäuben, mit Weißweinessig ablöschen und zugedeckt bei schwacher Hitze sämig einkochen lassen (falls nötig noch etwas Wasser oder Brühe dazugeben). Mit Salz und Cayennepfeffer pikant würzen.

Zutaten für je 4 Personen

Roher Artischockensalat mit Parmesanspänen

Artischocken, also essbare Disteln, gibt es zwar das ganze Jahr hindurch, besonders lecker sind sie aber im Frühjahr und Herbst. Sie müssen nach dem sorgfältigen Putzen sofort in Salzwasser mit Zitronensaft etwa 30 Minuten gekocht werden. Superlecker schmecken die kleinen Artischocken geviertelt oder in Scheiben geschnitten und in Öl gebraten. Sie eignen sich besonders gut für Vorspeisen, denn der enthaltene Bitterstoff Cynarin wirkt appetitanregend.

8 kleine Distelartischocken
2 Zitronen
1 Bund Rucola
1 EL Aceto Balsamico
Saft von 1/2 Zitrone
6 EL Olivenöl
Salz
1 Prise Zucker
schwarzer Pfeffer aus der Mühle
frischer Parmesan am Stück

❶ Die holzigen und harten äußeren Blätter der Artischocken entfernen. Die übrigen Blätter von den Spitzen befreien. Das Innere – auch »Heu« genannt – mit einem Löffel herauslösen. Artischocken sofort in kaltes Zitronenwasser legen, damit sie nicht braun werden.

❷ Rucola putzen, waschen und trockenschleudern. Essig, etwas Zitronensaft und Olivenöl verrühren und mit Salz, Zucker und Pfeffer würzen. Vom Parmesan mit Hilfe eines Sparschälers dünne Späne abhobeln.

❸ Artischocken mit einem scharfen Messer oder mit Hilfe eines Gurkenhobels in dünne Scheiben schneiden.

❹ Rucola und Artischockenscheiben auf Tellern anrichten, mit Parmesanspänen bestreuen und mit der Essig-Öl-Marinade beträufeln. Die restliche Zitrone vierteln und zum Artischockensalat reichen. Am besten schmeckt frisches Weißbrot oder Rosmarinbrot dazu.

Zutaten für 4 Personen

Bagna caôda Gemüsefondue mit heißer Sardellensoße

4 Stangen Staudensellerie
2 Karotten
je 1 rote und gelbe Paprikaschote
1 Fenchelknolle
1 Zucchino
12 Sardellen
3 Knoblauchzehen, geschält
1 EL Kapern
8 EL Olivenöl
2 EL Butter
1 EL glatte Petersilie, fein gehackt
schwarzer Pfeffer aus der Mühle
Salz

Das Piemonteser Gemüsefondue ist eine gelungene Alternative zum klassischen Fondue mit Fleisch. Durch die würzige Schärfe der Sardellen bekommt das Gemüse einen interessanten Touch. Zu Bagna caôda reicht man reichlich knuspriges Brot und ein kühles Glas Weißwein, am besten einen Arneis.

❶ Staudensellerie waschen, Karotten schälen, Paprika halbieren und entkernen. Fenchel ebenfalls halbieren und vom Strunk befreien.

❷ Staudensellerie, Karotten, Paprika, Fenchel und Zucchino in etwa 1/2 cm dicke und 5 cm lange Stifte schneiden. Gemüse bis zur Weiterverarbeitung in ein feuchtes Tuch wickeln und kühl stellen.

❸ Sardellen, Knoblauch und Kapern getrennt voneinander fein hacken. 4 EL Olivenöl erhitzen und den Knoblauch darin glasig braten. Sardellen dazugeben und weitere 2 Minuten unter ständigem Rühren köcheln lassen. Kurz vor dem Servieren restliches Olivenöl, Kapern und Butter einrühren und kurz aufkochen lassen.

❹ Heiße sämige Sardellensoße mit fein gehackter Petersilie, schwarzem Pfeffer und etwas Salz verfeinern und zum Gemüse reichen.

Zutaten für 4 Personen

Insalata Caprese
Mozzarella mit Tomaten und frittiertem Basilikum

Insalata Caprese – ein Spitzenreiter unter den italienischen Speisen – wird mittlerweile auf der ganzen Welt geschätzt und geliebt. Vor allem im Sommer schmecken die reifen Tomaten, das frische Basilikum und der milchfrische Geschmack des Mozzarellas unvergleichlich gut.

❶ Mozzarella aus der Lake nehmen, abtropfen lassen und in 1/2 cm dicke Scheiben schneiden. Tomaten waschen, vom Stängelansatz befreien und ebenfalls in Scheiben schneiden.

❷ Basilikumblätter abzupfen und in heißem Öl nacheinander frittieren, da die Flüssigkeit in den Blättern durch die Hitze verdampft und daher leicht spritzen kann. Basilikum auf einem Küchenpapier abtropfen lassen.

❸ Tomaten- und Mozzarellascheiben abwechselnd oder farblich getrennt auf Teller schichten. Tomaten- und Mozzarellascheiben mit Salz und Pfeffer würzen, mit Olivenöl und Aceto Balsamico beträufeln und mit frittierten Basilikumblättern bestreuen.

Wer möchte, kann die Basilikumblätter natürlich auch frisch verwenden.

Zutaten für 4 Personen

2 Päckchen Büffelmozzarella á 125 g
4 italienische Strauchtomaten
1 Bund Basilikum
Öl zum Frittieren
Salz
schwarzer Pfeffer, grob zerstoßen
4 EL Olivenöl
2 EL Aceto Balsamico

Mariniertes Gemüse

1 Aubergine
1 Zucchino
je 1 rote und gelbe Paprikaschote
1 ganze Knoblauchknolle, halbiert
1/2 Bund glatte Petersilie
2 Rosmarinzweige
4 Thymianzweige
1/2 Bund Basilikum
2 Knoblauchzehen, geschält
Olivenöl
Salz
Zucker
schwarzer Pfeffer aus der Mühle

Etwas arbeitsintensiv – aber es lohnt sich, denn so zubereitetes Gemüse ist einfach unwiderstehlich!

❶ Aubergine und Zucchini in 1 cm dicke Scheiben schneiden und leicht salzen. Backofen auf 180 °C vorheizen.

❷ Paprika halbieren, entkernen und in eine Pfanne mit der Hautseite nach oben legen. Die Knoblauchhälften, 1 Rosmarinzweig und 2 Thymianzweige dazugeben und mit 4 EL Olivenöl beträufeln. Im vorgeheizten Backofen etwa 30 Minuten garen.

❸ In der Zwischenzeit die Auberginen- und Zucchinischeiben mit Küchenpapier abtupfen und in einer Pfanne in heißem Olivenöl von beiden Seiten goldbraun braten. Aus der Pfanne nehmen und auf Küchenpapier abtropfen lassen.

❹ Paprika aus dem Ofen nehmen, die Haut ablösen und in etwa 2 cm breite Streifen teilen. Restlichen Rosmarin und Thymian von den Zweigen abstreifen und mit abgezupften Basilkumblättern und den ausgelösten Knoblauchzehen in einen hohen Becher geben. 120 ml Olivenöl dazugießen und mit dem Mixstab fein pürieren. Mit Salz, etwas Zucker und Pfeffer würzen.

❺ Auberginen, Zucchini und Paprika von beiden Seiten mit dem Kräuteröl einstreichen und zugedeckt im Kühlschrank 2 Stunden marinieren. Die Antipasti etwa 20 Minuten vor dem Servieren aus dem Kühlschrank nehmen und mit frischem Weißbrot servieren.

Zutaten für 4 Personen

Süßsauer marinierte Schaschlikzwiebeln

Der süßsaure Mischung von Zucker und Essig passt perfekt zu den zarten Zwiebeln. Man kann die Zwiebeln solo als Antipasto oder zu geschmortem Fleisch servieren. Zu gegrilltem Schwertfisch oder Seeteufel sind die leckeren Zwiebelchen ebenfalls eine raffinierte Beilage.

❶ Die Zwiebeln etwa 20 Minuten in kaltes Wasser legen – so lässt sich die fest anliegende Schale leichter lösen. Zwiebeln schälen und in siedendem Salzwasser etwa 20 Minuten bei schwacher Hitze köcheln lassen. Zucker mit Wasser bei geringer Temperatur so lange kochen, bis ein karamellfarbener Sirup ensteht. Mit Aceto Balsamico ablöschen, abgetropfte Zwiebeln einlegen und unter Schwenken der Pfanne glasieren. Kurz vor dem Servieren die Butter unterheben, durchschwenken und leicht mit Salz und Pfeffer würzen.

16 Schaschlikzwiebeln
Salz
4 EL Zucker
2 EL Wasser
4 EL Aceto Balsamico
1 EL Butter
schwarzer Pfeffer aus der Mühle

Glasierte Karotten mit Rosinen und Minze

Glasierte Karotten schmecken lauwarm als Antipasto oder heiß zu gebratenen Fleisch- oder Geflügelgerichten.

❶ Karotten schräg in 4 cm dicke Scheiben schneiden und in reichlich Salzwasser etwa 5 Minuten garen. Über einem Sieb abgießen. Zucker mit einigen Tropfen Wasser zu einem hellen Karamell kochen, Karotten dazugeben, kurz durchschwenken, mit einem Schuss Mineralwasser ablöschen und weitere 5 Minuten köcheln lassen.

❷ Abgetropfte Rosinen zum Gemüse geben, leicht mit Salz und Pfeffer würzen. Schalottenwürfel in Butter glasig braten und mit klein gezupften Minzeblättern unter das Gemüse mischen.

4 Karotten, geschält
Salz
2 EL Zucker
Mineralwasser
2 EL Rosinen, in lauwarmem schwarzem Tee eingeweicht
schwarzer Pfeffer aus der Mühle
1 Schalotte, in kleine Würfel geschnitten
2 EL Butter
2 Minzezweige

Zutaten für je 4 Personen

12 Scheiben Parmaschinken, hauchdünn geschnitten
4 frische Feigen
Olivenöl
schwarzer Pfeffer aus der Mühle
1 Packung Grissini

Frische Feigen mit Parmaschinken und Grissini

Bei Feigen mit Parmaschinken bedarf es sicher keiner großen Vorbereitung. Hier spielt der Einkauf die Hauptrolle. Ausschlaggebend für den Geschmack sind reife und aromatische Feigen sowie hauchdünn geschnittener Parmaschinken von Spitzenqualität. Feigen mit Parmaschinken kann man einfach nur als Snack zu einem Glas Rotwein oder als Vorspeise bei einem italienischen Menü servieren.

❶ Parmaschinken portionsweise auf Tellern verteilen.

❷ Feigen kreuzförmig einschneiden, etwas auseinanderdrücken, ebenfalls auf den vorbereiteten Tellern verteilen.

❸ Parmaschinken mit etwas Olivenöl beträufeln und mit grobem Pfeffer bestreuen.

❹ Grissini zum Parmaschinken reichen. Wer möchte, streut noch gehobelten Parmesan über den Schinken.

Als Appetithäppchen: Den Parmaschinken auf die einzelnen Grissinistäbchen rollen und auf einer ovalen Platte anrichten. Feigen in kleine Stücke teilen und die Platte damit garnieren.

Zutaten für 4 Personen

Panzanella
Brotsalat

Resteverwertung, die begeistert: schnell und fein! Die Basis ist Brot vom Vortag, die weiteren Zutaten sind der eigenen Phantasie überlassen. Man kann das marinierte, klein gezupfte Brot mit gekochtem Schinken, frischen Gurken-, Tomaten-, Zucchini-, Paprika- und Zwiebelstücken verfeinern, je nach Jahreszeit und Gusto. Panzanella ist eine kleine Mahlzeit, eine leckere Vorspeise oder eine leicht bekömmliche Zwischenmahlzeit.

❶ Brot in mundgerechte Stücke zupfen. Tomaten in dünne Scheiben, Zwiebeln in hauchdünne Ringe schneiden.

❷ Sardellen und Oliven grob hacken. Eier schälen und mit einem Messer oder einem Eierschneider vierteln. Staudensellerie schräg in dünne Scheiben schneiden.

❸ Alle Zutaten in einer Schüssel miteinander vermengen. Kapern, und Petersilie dazugeben. Zitronensaft, Olivenöl und Weißweinessig verquirlen, über der Panzanella verteilen und locker mit einem Salaltbesteck anmachen. Mit Salz, Zucker und Pfeffer würzen.

❹ Die aromatischen Blätter des Staudenselleries klein zupfen und den Salat damit bestreuen.

Zutaten für 4 Portionen

250 g Olivenbrot oder Ciabatta
2 Tomaten, geschält und entkernt
2 kleine rote Zwiebeln, geschält
12 Sardellen
80 g schwarze Oliven, entsteint
3 hart gekochte Eier
2 Stangen Staudensellerie mit Grün
2 EL Kapern
3 glatte Petersilienzweige, klein gezupft
Saft von 1 Zitrone
8 EL Olivenöl
2 EL Weißweinessig
Salz
1 Prise Zucker
schwarzer Pfeffer aus der Mühle

Vitello tonnato
Kaltes Kalbfleisch mit Thunfisch-Kapern-Soße

700 g Kalbfleisch (Schwanzrolle)
Salz
weißer Pfeffer aus der Mühle
2 Thymianzweige
2 Knoblauchzehen, in der Schale angedrückt
2 EL Olivenöl
6 Sardellen
1 1/2 EL Kapern, klein gehackt
2 Schalotten, geschält und in kleine Würfel geschnitten
2 Dosen Thunfisch in Öl
4 EL Mayonnaise
50 g Sahne
50 ml trockener Weißwein
1 EL gehackte Petersilie
1 Zitrone zum Garnieren
Zucker

Dieses beliebte Sommergericht weckt Urlaubserinnerungen. Am besten schmeckt es auf der Terrasse mit einem gut gekühlten, feinfruchtigen Glas Weißwein.

❶ Backofen auf 190 °C vorheizen. Kalbfleisch mit Salz und Pfeffer würzen und in 1 EL Olivenöl von beiden Seiten leicht anbraten. Thymian und Knoblauch zugeben und im vorgeheizten Backofen etwa 45 Minuten braten. Dabei immer wieder etwas Wasser angießen.

❷ Sardellen, Kapern und Zwiebeln in restlichem Olivenöl glasig dünsten, mit Salz und Pfeffer würzen und abkühlen lassen. Thunfischstücke, Mayonnaise, Sahne, Weißwein und abgekühlte Zwiebelmasse miteinander vermengen und mit dem Mixstab fein pürieren. Mit Salz, einer Prise Zucker und Pfeffer würzen. Zum Schluss mit Petersilie verfeinern.

❸ Abgekühltes Kalbfleisch in hauchdünne Scheiben schneiden und auf Tellern kreisförmig anrichten. Thunfischsoße aufstreichen und mit Zitronenspalten servieren.

Kalbfleisch und Soße lassen sich getrennt gut zwei bis drei Tage im Kühlschrank aufbewahren. So zaubert man blitzschnell ein herrliches Abendessen.

Zutaten für 4 Personen

7. Suppen und Eintöpfe

Zuppa di pomodori Tomatensuppe mit Pesto und Knoblauch-Croûtons

500 g reife Tomaten
2 Zwiebeln, geschält
4 Knoblauchzehen, geschält
1 Karotte, geschält
3 Stangen Staudensellerie
1 Petersilienwurzel
2 Thymianzweige
1 EL Tomatenmark
1 Dose Tomaten (800 g)
1/2 l Brühe
Salz
1 Prise Zucker
schwarzer Pfeffer aus der Mühle
Cayennepfeffer
6 Scheiben Toastbrot
Olivenöl
2 EL Butter
2 EL Pesto (siehe Seite 29)

Wer kann einer frisch zubereiteten Tomatensuppe schon widerstehen? Extrafein schmeckt das heiße Süppchen, wenn man es vor dem Servieren mit frisch geriebenem Parmesan oder Pecorino bestreut. Ein heißer Tipp für den Sommer: Die Suppe eiskalt servieren. Sie schmeckt dann erfrischend und sättigend zugleich.

❶ Tomaten von den Stängelansätzen befreien und in grobe Würfel schneiden. Zwiebeln und 3 Knoblauchzehen in kleine Würfel schneiden. Karotten, Staudensellerie und Petersilienwurzel ebenfalls zerkleinern.

❷ Zwiebeln und Knoblauchzehen in 3 EL Olivenöl glasig dünsten. Karotten, Staudensellerie und Petersilienwurzel, Thymian und Tomatenmark dazugeben und weitere 5 Minuten garen. Dabei gelegentlich umrühren.

❸ Mit Tomaten aus der Dose und Brühe aufgießen und etwa 45 Minuten bei schwacher Hitze köcheln lassen. Mit Salz, Zucker, Pfeffer und Cayennepfeffer pikant würzen. Backofen auf 80 °C vorheizen.

❹ In der Zwischenzeit für die Brot-Croûtons die Toastbrote in 1 cm große Würfel schneiden. Restliche Knoblauchzehe schälen und in dünne Scheiben schneiden. Butter in einer Pfanne erhitzen, Brotwürfel langsam von allen Seiten goldbraun braten, Knoblauch dazugeben und mitbraten. Mit Salz und Pfeffer würzen, auf Küchenpapier abtropfen lassen. Bis zum Servieren im vorgeheizten Backofen warm stellen.

❺ Tomatensuppe durch ein Sieb passieren, in tiefen Tellern anrichten, mit Knoblauch-Croûtons bestreuen und mit etwas Pesto beträufeln.

Zutaten für 4 Personen

Wirsingeintopf mit Fontina und Salbei

120 g Kichererbsen
600 g Wirsing
2 Zwiebeln
3 EL Olivenöl
1 l Gemüsebrühe
1 Lorbeerblatt
1/2 Bund Petersilie
3 Salbeiblätter, fein geschnitten
Salz
weißer Pfeffer aus der Mühle
frisch geriebne Muskatnuss
12 kleine Scheiben Bauernbrot
180 g Fontina, gerieben

Der mildwürzige Käse aus dem Aostatal wird aus Kuhmilch hergestellt. Er ist cremig und eignet sich vorzüglich zum Kochen.

❶ Kichererbsen am besten über Nacht in reichlich Wasser einweichen. Wirsing putzen, halbieren, vom Strunk befreien und in mundgerechte Stücke teilen.

❷ Zwiebeln schälen, halbieren und in schmale Streifen schneiden. Die Zwiebeln zusammen mit geschnittenem Wirsing in Olivenöl anschwitzen, die abgetropften Kichererbsen hinzufügen und mit Gemüsebrühe aufgießen. Lorbeerblatt dazugeben und 45 Minuten leise köcheln lassen. Backofen auf 200 °C vorheizen.

❸ Am besten schmeckt der Eintopf, wenn die Kichererbsen richtig weich sind. Zum Schluss die grob gehackte Petersilie und die Salbeiblätter untermischen und mit Salz, Pfeffer und etwas Muskat würzen.

❹ Brotscheiben mit Käse bestreuen und im vorgeheizten Backofen bei starker Oberhitze goldbraun überbacken.

❺ Eintopf in tiefen Tellern anrichten und mit den Brotscheiben servieren.

Zutaten für 4 Personen

Kichererbseneintopf mit Pancetta

Pancetta nennt man in Italien den ungeräucherten durchwachsenen Bauchspeck. Er wird mit Salz, Kräutern und Gewürzen eingerieben, aufgerollt und getrocknet. Man kann ihn roh hauchdünn geschnitten als Antipasto reichen, verwendet ihn aber auch gerne zum Kochen.

❶ Kicherebsen über einem Sieb abgießen und mit kaltem Wasser abbrausen. Karotten, Zwiebeln und Sellerie in kleine Würfel schneiden und in heißem Olivenöl etwa 5 Minuten dünsten.

❷ Kichererbsen und Thymian dazugeben und mit Gemüsebrühe begießen. 30 Minuten offen bei schwacher Hitze köcheln lassen.

❸ Pancetta in 1/2 cm dicke Streifen schneiden und in einer Pfanne kross braten. Den Eintopf mit dem Mixstab grob pürieren und mit Salz, Pfeffer und Muskat würzen. In tiefe Teller geben und mit der kross gebratenen Pancetta bestreuen.

Zutaten für je 4 Personen

1 kleine Dose Kichererbsen
1 Karotte, geschält
1 Zwiebel, geschält
1/4 Sellerieknolle
2 EL Olivenöl
2 Thymianzweige
3/4 l Gemüsebrühe
80 g Pancetta am Stück
Salz
schwarzer Pfeffer aus der Mühle
frisch geriebene Muskatnuss

Zuppa di pesce
Fischsuppe mit Wein, Tomaten und Basilikum

Die Zutaten für die Fischsuppe richten sich immer nach dem aktuellen Marktangebot. Weißfleischige Fische, Muscheln und Garnelen eignen sich am besten dafür. Und ganze Garnelen und Muscheln verleihen der Suppe ein besonders intensives Aroma.

❶ Muscheln in reichlich Wasser etwa 2 Stunden wässern. Das Wasser dabei immer wieder wechseln, anschließend die Muscheln putzen. Seeteufelfilet in 2 cm dicke Stücke teilen.

❷ In der Zwischenzeit Zwiebeln, Knoblauch, Sellerie, Fenchel ohne Strunk und Tomaten in kleine Würfel schneiden.

❸ Sellerie und Fenchel in 1 EL Olivenöl kurz anbraten. Tomaten dazugeben, mit einem Schuss Weißwein ablöschen und mit Fischfond aufgießen. Etwa 15 Minuten leise köcheln lassen und mit Salz, Cayennepfeffer und Pfeffer pikant würzen.

❹ Zwiebeln und Knoblauch im restlichen Olivenöl glasig dünsten, Muscheln zugeben und zugedeckt aufspringen lassen, dabei den Topf gelegentlich bewegen. Mit restlichem Weißwein ablöschen. Mit Gemüse-Tomaten-Brühe aufgießen und 5 Minuten leise köcheln lassen. Seeteufel mit Salz und Pfeffer würzen und mit den Gamberini zur Suppe geben. Suppe vom Herd nehmen und 5 Minuten ziehen lassen.

❺ Fischsuppe mit einigen Safranfäden, Salz und Cayennepfeffer abschmecken und mit fein gehacktem Basilikum verfeinern. Dazu schmeckt frisches Weißbrot.

Zutaten für 4 Personen

400 g Vongole
400 g Miesmuscheln
120 g Seeteufelfilet
1 Zwiebel, geschält
2 Knoblauchzehen, geschält
2 Stangen Staudensellerie
1 Fenchelknolle, geputzt
2 Tomaten, geschält und entkernt
2 EL Olivenöl
1/4 l trockener Weißwein
1/2 l Fischfond
Salz
Cayennepfeffer
schwarzer Pfeffer aus der Mühle
8 rohe Gamberini mit Kopf
einige Safranfäden
1/2 Bund Basilikum

Ligurischer Stockfisch-eintopf mit Tomaten und Kapernöl

400 g Stockfisch (Mittelstück)
1/2 l Milch
1 Spickzwiebel (Zwiebel mit 1 Lorbeerblatt und 2 Nelken gespickt)
500 g Tomaten, enthäutet und entkernt
1 Karotte, geschält
1 Petersilienwurzel, geschält
2 Kartoffeln, geschält
2 Stangen Staudensellerie
1 Schalotte, geschält
2 Knoblauchzehen, geschält
6 EL Olivenöl
1/2 l Fischfond
1 Thymianzweig
1 Basilikumzweig
2 EL Kapern
Salz
schwarzer Pfeffer aus der Mühle
Cayennepfeffer

In südlichen Ländern ist Stockfisch überaus beliebt. Was früher eine wichtige Konservierungsmethode für frischen Kabeljau und andere Magerfische war, ist heute eine Delikatesse, die man unbedingt mal probieren sollte.

❶ Stockfisch mit einem Plattiereisen etwas klopfen. Milch mit der gleichen Menge Wasser aufkochen, die Spickzwiebel dazugeben und vom Herd nehmen. Den Stockfisch etwa 2 1/2 Stunden darin einweichen, dabei immer wieder wenden.

❷ Tomaten, Karotte, Petersilienwurzel, Kartoffeln, Staudensellerie, Schalotten und Knoblauch in kleine Würfel schneiden. 2 EL Olivenöl erhitzen und das Gemüse bis auf die Tomaten 5 Minuten ohne Farbe zu nehmen anbraten. Tomaten dazugeben, mit Fischfond aufgießen und 20 Minuten köcheln lassen.

❸ Stockfisch herausnehmen und gut abtropfen lassen, Haut und braune Stellen entfernen. In etwa 5 cm große Stücke schneiden, zur Suppe geben und weitere 10 Minuten köcheln lassen.

❹ Thymian, Basilikum und Kapern fein hacken und mit dem restlichen Olivenöl vermengen. Die Suppe mit Salz, Pfeffer und Cayennepfeffer pikant würzen. Suppe in tiefen Tellern anrichten und mit dem Kapernöl beträufeln.

Zutaten für 4 Personen

Reiscremesuppe mit grünen Bohnen

❶ Schalottenwürfel in Butter anschwitzen, den Reis dazugeben und mit Weißwein ablöschen. Mit Brühe aufgießen und etwa 20 Minuten köcheln lassen, bis der Reis sehr weich ist. Die Sahne dazugießen und mit dem Stabmixer pürieren. Durch ein Sieb passieren.

❷ Die Bohnen putzen, schräg in 3 cm große Stücke schneiden und in reichlich Salzwasser weich kochen. Zu der Reiscremesuppe geben und mit Salz, weißem Pfeffer und Muskat würzen.

❸ Zum Schluss das fein gezupfte Bohnenkraut in die Suppe geben und anrichten.

Zutaten für 4 Personen

2 geschälte Schalotten, in kleine Würfel geschnitten
2 EL Butter
150 g Rundkornreis
60 ml trockener Weißwein
600 ml Gemüsebrühe
150 g Sahne
200 g grüne Bohnen
Salz
weißer Pfeffer aus der Mühle
frisch geriebene Musaktnuss
1 Bohnenkrautzweig

Minestrone mit Nudeln

❶ Zwiebel, Knoblauch, Karotten, Fenchel ohne Strunk, Zucchini und Tomaten in kleine Würfel schneiden. Das Olivenöl erhitzen und Zwiebel und Knoblauch darin glasig dünsten. Karotten und Fenchel dazugeben, mit Brühe aufgießen und 30 Minuten leise köcheln lassen. Nach 15 Minuten restliches Gemüse und die Tomaten hinzufügen.

❷ Risoni in kochendem Salzwasser 10 Minuten garen, abschütten und zur Suppe geben. Minestrone mit Salz und Pfeffer würzen und nach Belieben mit Cayennepfeffer und Basilikum verfeinern. Mit frischem Parmesan bestreut servieren.

Zutaten für 4 Personen

1 Zwiebel, geschält
1 Knoblauchzehe, geschält
2 Karotten, geschält
1 Fenchel, geputzt
1 Zucchino
2 Tomaten, geschält und entkernt
2 EL Olivenöl
3/4 l Brühe
60 g Risoni (Reisnudeln)
Salz
schwarzer Pfeffer aus der Mühle
Cayennepfeffer
fein geschnittene Basilikumblätter
frisch geriebener Parmesan

8. Pasta, Ravioli und Gnocchi

Capellini aglio e olio Capellini mit Knoblauch und Olivenöl

2 Knoblauchzehen, geschält
2 Peperoncini, getrocknet
500 g Capellini (dünne Spaghetti)
Salz
6 EL Olivenöl
schwarzer Pfeffer aus der Mühle
2 EL Butter

Eine Grundregel bei italienischen Pastagerichten: Immer etwas Nudelwasser für die Soße aufbewahren, denn die enthaltene Stärke sorgt für leichte Bindung und verstärkt den Geschmack.

❶ Knoblauch in dünne Scheiben schneiden. Peperoncini im Mörser oder mit einem Messer zerkleinern. Richtig scharf sind die Kerne der kleinen Schoten. Wer's nicht so pikant mag: Schoten halbieren und die Kerne vor dem Zerkleinern entfernen.

❷ Capellini in reichlich kochendem Salzwasser 3 Minuten garen.

❸ In der Zwischenzeit Olivenöl erhitzen, Knoblauch darin anbraten, Peperoncini zugeben.

❹ Nudeln über einem Sieb abgießen, dabei das Nudelwasser auffangen. Heiße Nudeln zum Olivenöl geben und mit einem kleinen Schöpfer Nudelwasser begießen. Mit Salz und Pfeffer würzen, mit Butter verfeinern.

❺ Je nach Geschmack mit frischen Kräutern wie gehackter Petersilie oder frischem Basilikum bestreuen und sofort servieren.

Zutaten für 4 Personen

Cannelloni mit Tomaten und Käsesoße überbacken

Die Teigröllchen können beliebig gefüllt werden: mit herzhafter Fleischfüllung oder vegetarischer Artischocken-Kartoffel-Masse. Schneller geht's, wenn man auf gekaufte Cannelloni zurückgreift und diese mit einer raffinierten Masse füllt. Aber mit hausgemachtem Nudelteig zubereitet ist der Genuss unvergleichlich.

Zutaten für 4 Personen

Für 20 Nudelplatten à 10 x 10 cm
500 g Putenkeule, ausgelöst
Salz
2 EL Öl
schwarzer Pfeffer aus der Mühle
1 Karotte, geschält
1 Stange Staudensellerie
1 Zwiebel, geschält
2 Knoblauchzehen, geschält
1 Thymianzweig
1 Rosmarinzweig
1/2 Bund glatte Petersilie
3 EL Butter
2 EL Mehl
200 ml Milch
100 g Sahne
2 Tomaten, enthäutet, entkernt und in kleine Würfel geschnitten
80 g geriebener Bel Paese

❹ 2 EL Butter aufschäumen lassen. Das Mehl unterrühren und nach und nach die Milch und die Sahne hinzufügen. Die Béchamelsoße etwa 10 Minuten bei schwacher Hitze köcheln lassen, dabei gelegentlich umrühren. Die Soße mit Salz und Pfeffer würzen und durch ein feines Sieb passieren.

❺ Eine feuerfeste Form mit der restlichen Butter ausstreichen. Die Cannelloni gleichmäßig hineinsetzen und mit der Béchamelsoße begießen.

❻ Mit Tomatenwürfeln und Käse bestreuen und im vorgeheizten Backofen bei 180 °C etwa 25 Minuten goldbraun überbacken. Je nach Geschmack mit Kräuteröl oder Pesto beträufeln.

❶ Backofen auf 180 °C vorheizen. Die Putenkeule mit Salz und Pfeffer würzen und in erhitztem Öl in einem Schmortopf von beiden Seiten anbraten. Karotte, Sellerie und Zwiebel grob würfeln und mit dem Knoblauch zum Fleisch geben. Im vorgeheizten Backofen etwa 1 1/2 Stunden ohne Deckel garen. Nach etwa 30 Minuten Garzeit mit etwa 1/8 l Wasser begießen und die Putenkeule immer wieder damit bepinseln.

❷ Die Putenkeule aus dem Ofen nehmen und vollständig auskühlen lassen. In fingerdicke Streifen schneiden und mit dem Gemüse durch die feine Scheibe des Fleischwolfs drehen. Mit Salz und Pfeffer würzen und mit fein gehackter Petersilie verfeinern.

❸ Frisch zubereitete Nudelteigplatten auslegen, mit der Fleischmasse füllen und aufrollen oder gekaufte Cannelloni mit der Masse füllen.

Lasagne mit Fleischsoße und Mozzarella

25 g Butter
30 g Mehl
1/2 l Milch
1 Lorbeerblatt
1 Thymianzweig
2 zerdrückte Pfefferkörner
Salz
frisch geriebene Muskatnuss
600 g Hackfleisch, gemischt
2 EL Olivenöl
1 Zwiebel, geschält
2 Knoblauchzehen, geschält
1 EL Tomatenmark
1 Dose Tomaten (800 g)
Cayennepfeffer
schwarzer Pfeffer aus der Mühle
etwas Oregano, getrocknet
etwas Butter für die Form
250 g Lasagnenudelplatten (16 Stück)
100 g Edamer, gerieben
1 Kugel Mozzarella (125 g)

Schon allein der Duft nach gebackenem Käse, Nudeln und Fleischsoße lockt alle hungrigen Mäuler – große und kleine – in die Küche.

❶ Butter erhitzen, unter Rühren das Mehl zugeben und so lange weiterrühren, bis die Mischung homogen ist. Dann die Mehlschwitze zur Seite stellen. Die Milch zum Kochen bringen, Kräuter und Pfefferkörner zugeben und 10 Minuten ziehen lassen.

❷ Die Milch durch ein Sieb passieren und nach und nach unter Rühren in die Mehlschwitze rühren. Erhitzen und 15 Minuten unter ständigem Rühren kochen lassen. Dann durch ein Sieb passieren und mit Salz und Muskat leicht würzen.

❸ Das Hackfleisch mit Salz und Pfeffer würzen und im erhitzten Olivenöl krümelig braten. Klein geschnittene Zwiebeln, Knoblauch und Tomatenmark dazugeben und weitere 5 Minuten braten lassen. Dann mit den zerdrückten Tomaten aufgießen, 25 Minuten leise köcheln lassen und dabei immer wieder umrühren. Mit Salz, Cayennepfeffer, Pfeffer und Oregano würzen. Backofen auf 180 °C vorheizen.

❹ Eine eckige Auflaufform mit Butter einstreichen, mit Lasagneplatten belegen und schichtweise Béchamelsoße, Fleischsoße und geriebenen Edamer darauf verteilen. Mit Fleischsoße abschließen, mit Mozzarellascheiben belegen und im vorgeheizten Backofen etwa 35 Minuten backen.

Zutaten für 4 Personen

Cannelloni mit Walnuss-, Robiola- und Geflügelleberfüllung

Zusätzlich kann man die Walnussfüllung auch mit gebratenen Apfel- oder Birnenwürfeln verfeinern. Dann die Geflügelleber mit etwas Calvados ablöschen.

❶ Geriebene Walnüsse in 1 EL heißer Butter leicht rösten und abkühlen lassen. Geflügelleber in kleine Würfel schneiden und in 1 EL heißer Butter langsam braten. Leicht salzen und pfeffern. Walnüsse, abgekühlte Leber und Eigelbe unter den italienischen Frischkäse mischen. Mit Salz, weißem Pfeffer und Muskat würzen. Backofen auf 180 °C vorheizen.

❷ Auf die hauchdünn ausgerollten Teigplatten streichen und zu fingerdicken Cannelloni aufrollen. In eine gebutterte Auflaufform schichten und mit Sahne begießen. Im vorgeheizten Backofen etwa 20 Minuten backen.

❸ Die Artischocken in Scheiben schneiden und in Olivenöl mit Knoblauch und Thymianzweigen bei schwacher Hitze braten und mit Salz und Pfeffer würzen.

❹ Cannelloni und gebratene Artischocken portionsweise auf flachen Tellern anrichten.

Zutaten für 4 Personen

120 g geriebene Walnusskerne
3 EL Butter
350 g Geflügelleber
2 Eigelbe
300 g Robiola (italienischer Frischkäse)
Salz
weißer Pfeffer aus der Mühle
frisch geriebene Muskatnuss
20 Nudelteigplatten à 10 x 10 cm (fertig gekauft oder Grundrezept Nudelteig Seite 22)
120 g Sahne
4 geputzte Artischockenböden
2 EL Olivenöl
1 angedrückte Knoblauchzehe in der Schale
2 Thymianzweige

Bevette all'amatriciana Bevette mit Zwiebelsoße und gehacktem Ei

3 weiße Zwiebeln, geschält
2 Knoblauchzehen, geschält
200 g durchwachsener Speck ohne Schwarte
4 Tomaten
2 EL Olivenöl
1 Dose Tomaten, in Stücken (400 g)
Salz
schwarzer Pfeffer aus der Mühle
500 g Bevette
1 EL glatte Petersilie, gehackt
2 Eier, hart gekocht
Parmesan

Die Auswahl der verschiedenen Pastasorten ist wichtig. Zu kräftigen Soßen passt handfeste Pasta, wie z.B. Bevette und Linguine. An diesen Nudelarten bleibt reichlich Soße haften – ein Hit für alle Soßenfans.

❶ Zwiebeln halbieren und in Streifen schneiden. Knoblauch fein hacken. Den Speck in 1/2 cm dicke Streifen schneiden.

❷ Tomaten von den Stängelansätzen befreien, kreuzförmig einschneiden und in kochendem Wasser 2 Minuten blanchieren. Mit einer Schaumkelle herausnehmen, in eiskaltem Wasser abschrecken und enthäuten. Tomaten vierteln, entkernen und ebenfalls in Streifen schneiden.

❸ Zwiebeln und Speck in Olivenöl anbraten und mit den Tomatenstücken aufgießen. Etwa 15 Minuten leise köcheln lassen, dann die Tomatenstreifen dazugeben und mit Salz und Pfeffer würzen.

❹ Die Bevette nach Packungsanleitung al dente kochen, auf einem Durchschlag abgießen und dabei etwas Nudelwasser auffangen.

❺ Die Nudeln mit der Zwiebelsoße vermengen, ein paar Löffel Nudelwasser zugeben und mit gehackter Petersilie verfeinern. Auf Tellern anrichten, mit gehacktem Ei und Parmesan bestreuen.

Zutaten für 4 Personen

Orecchiette mit Brokkoli und roten Zwiebeln

Der Name dieser Pastaform kommt ursprünglich von »l'orecchia« – das Ohr. Für die Öhrchennudeln wird ein Teig aus Hartweizengrieß, Mehl, Wasser und Olivenöl zubereitet, in dünne Scheiben geschnitten und zu kleinen Öhrchen geformt. Orecchiette gibt es aber auch in guter Qualität fertig zu kaufen.

600 g Brokkoli
Salz
2 rote Zwiebeln
1 Staude italienischer Löwenzahn
500 g Orecchiette
4 EL Olivenöl
2 Knoblauchzehen, geschält
2 EL Butter
etwas Peperoncino, getrocknet
schwarzer Pfeffer aus der Mühle

❶ Brokkoli von Blättern und grobem Strunk befreien. Den Strunk schälen und klein schneiden. Röschen je nach Größe halbieren oder vierteln. In reichlich kochendem Salzwasser bissfest garen und über einem Sieb abgießen. In eiskaltem Wasser abschrecken.

❷ Die roten Zwiebeln halbieren und in Streifen schneiden. Löwenzahn von den dicken Stängeln befreien und in mundgerechte Stücke zupfen. Gründlich waschen und trockenschleudern.

❸ Orecchiette in reichlich kochendem Salzwasser 12 Minuten garen, über einem Sieb abgießen und dabei das Nudelwasser auffangen.

❹ In der Zwischenzeit die Zwiebeln in 2 EL Olivenöl glasig dünsten, Brokkoli und Knoblauch zugeben und weitere 5 Minuten langsam braten. Löwenzahn und Orecchiette zugeben und mit ein paar Löffeln Nudelwasser begießen. Restliches Olivenöl und Butter hinzufügen, kurz durchschwenken und mit Salz, Peperoncino und schwarzem Pfeffer pikant würzen.

Je nach Geschmack mit klein gehackten Sardellen und frisch geriebenem Parmesan verfeinern.

Zutaten für 4 Personen

Linguine mit Auberginenwürfeln

400 g Auberginen
Salz
500 g Tomaten, enhäutet und entkernt
2 EL Olivenöl
2 Zwiebeln, in kleine Würfel geschnitten
1 Knoblauchzehe, fein gehackt
1 Rosmarinzweig
1 Prise Zucker
1 TL Tomatenmark
1/4 l Gemüsebrühe
500 g Linguine
weißer Pfeffer aus der Mühle
2 Chilischoten, in kleine Würfel geschnitten
1 Basilikumzweig
1 EL Butter

Am besten schmeckt dieses Gericht aus Süditalien natürlich aus sonnengereiften, aromatischen Auberginen zubereitet.

❶ Aubergine waschen, Stielansatz entfernen, in 1/2 cm große Würfel schneiden und leicht salzen. 10 Minuten ziehen lassen, dann mit Küchenpapier trockentupfen. Tomaten in kleine Würfel schneiden.

❷ Olivenöl in einer Pfanne erhitzen, Zwiebeln, Knoblauch, Auberginenwürfel darin glasig anbraten. Rosmarin, Zucker und Tomatenmark dazugeben und bei schwacher Hitze 2 Minuten weiterbraten. Mit Gemüsebrühe aufgießen und 10 Minuten leise köcheln lassen.

❸ In der Zwischenzeit die Linguine in reichlich Salzwasser 8 bis 10 Minuten al dente kochen und über einem Sieb abgießen. Rosmarinzweig aus der Soße nehmen, Tomatenwürfel und Butter dazugeben und mit Salz, Pfeffer und Chiliwürfeln pikant würzen. Heiße Linguine und abgezupfte Basilikumblätter untermengen und sofort servieren.

Zutaten für 4 Personen

Ravioli mit Salbeibutter

Sie sollten unbedingt einmal Ravioli selbst herstellen. Den Unterschied schmecken Sie beim ersten Biss. Vielleicht machen Sie gleich mehr davon und gefrieren den Rest einzeln auf einem Blech ein. Dann portionsweise in Tüten füllen und bei Bedarf im gefrorenen Zustand in kochendes Salzwasser geben.

❶ Nudelteig nach Grundrezept zubereiten, in Klarsichtfolie wickeln und kühl stellen. Backofen auf 180 °C vorheizen.

❷ Die Schweineschulter mit Salz und Pfeffer würzen und im erhitzten Öl von beiden Seiten anbraten. Karotten, Staudensellerie und Zwiebeln grob würfeln, die Knoblauchzehen in der Schale andrücken und alles zusammen mit den frischen Kräutern zum Fleisch geben. Im vorgeheizten Backofen etwa 2 1/2 Stunden ohne Deckel garen. Nach etwa 30 Minuten Garzeit mit einer Tasse Wasser aufgießen und das Fleisch immer wieder mit den Bratenfond begießen.

❸ Schweineschulter aus dem Ofen nehmen und vollständig auskühlen lassen. In fingerdicke Streifen schneiden und mit dem Gemüse durch die feine Scheibe des Fleischwolfs drehen. Mit Salz und Pfeffer würzen und mit fein gehackter Petersilie verfeinern.

❹ Ravioli wie auf Seite 24/25 beschrieben zubereiten. Die Ravioli in kochendes Salzwasser geben, aufsteigen lassen, vom Herd nehmen und etwa 2 Minuten ziehen lassen.

❺ In der Zwischenzeit die Butter erhitzen, klein gezupfte Salbeiblätter zugeben, kurz durchschwenken und mit Salz und Pfeffer würzen. Ravioli portionsweise mit einem Schaumlöffel aus dem Wasser heben, gut abtropfen lassen, auf Tellern verteilen und mit der Salbeibutter begießen.

Zutaten für 4 Personen

Nudelteig (Grundrezept siehe Seite 22)

Für die Raviolifüllung:
800 g Schweineschulter, ausgelöst
Salz
schwarzer Pfeffer aus der Mühle
3 El Öl
2 Karotten, geschält
2 Stangen Staudensellerie
3 Zwiebeln, geschält
3 Knoblauchzehen
2 Thymianzweige
2 Rosmarinzweige
1 Bund glatte Petersilie

Für die Salbeibutter:
60 g Butter
3 Salbeizweige

Spaghetti Bolognese

2 Stangen Staudensellerie
1 Karotte
2 Zwiebeln
3 Knoblauchzehen
600 g Hackfleisch, gemischt
Salz
schwarzer Pfeffer aus der Mühle
3 El Olivenöl
2 EL Tomatenmark
1 Dose Tomaten (800 g)
1 Rosmarinzweig
1 Thymianzweig
500 g Spaghetti
2 EL Butter
1/2 TL Oregano, getrocknet
Cayennepfeffer

Nicht nur bei Kindern ist dieser italienische Klassiker heiß geliebt. Mit frisch geriebenem Parmesan und fein geschnittenem Basilikum wird das einfache Gericht zum Hochgenuss.

❶ Staudensellerie und Karotten putzen und waschen, Zwiebeln und Knoblauch schälen und alles in kleine Würfel schneiden. Das Hackfleisch mit Salz und Pfeffer würzen und in heißem Olivenöl krümelig braten. Klein geschnittenes Gemüse, Zwiebeln, Knoblauch und Tomatenmark dazugeben und 5 Minuten mitanbraten. Dabei immer wieder umrühren.

❷ Die Tomaten über einem Sieb abtropfen lassen, den Saft dabei auffangen. Die Tomaten grob hacken, mit dem Saft und den frischen Kräutern zum Hackfleisch geben. Zugedeckt bei kleiner Hitze etwa 1 Stunde köcheln lassen. Dabei immer wieder umrühren.

❸ Salzwasser zum Kochen bringen und die Spaghetti darin in etwa 8 Minuten al dente kochen. Auf ein Sieb schütten und abtropfen lassen. Butter in einem breiten Topf erhitzen, die Spaghetti darin wenden und leicht salzen.

❹ Die Soße mit Oregano, Salz, Pfeffer und Cayennepfeffer würzen und zu den Spaghetti servieren. Frisch geriebenen Parmesan nimmt sich jeder nach eigenem Geschmack.

Zutaten für 4 Personen

Pizza mit Meeresfrüchten und Rucola

500 g Mehl
1 Päckchen Trockenhefe
Salz
8 EL Olivenöl
300 ml Wasser
1 Zwiebel, geschält
1 Knoblauchzehe, geschält
1 kleine Dose Tomaten, in Stücken (400 g)
1/2 TL Oregano, getrocknet
schwarzer Pfeffer aus der Mühle
4 Eiertomaten
2 Mozzarella (à 125 g)
16 Sardellen aus dem Glas
16 gekochte Garnelen, ohne Schale
1 Bund Rucola

Am besten schmeckt Pizza natürlich aus dem klassischen Holzofen. In modernen Haushalten ist der Pizza- und Brotbackstein durchaus eine gelungene und raffinierte Alternative. Rand und Boden der Pizza werden dadurch schön knusprig und die hausgemachte Pizza schmeckt wie beim Italiener um die Ecke.

❶ Mehl mit Trockenhefe, einer Prise Salz, 7 EL Olivenöl und Wasser zu einem glatten Teig verkneten. An einem warmen Ort zugedeckt 45 Minuten ruhen lassen.

❷ Zwiebel und Knoblauch in kleine Würfel schneiden und in 1 EL heißem Olivenöl glasig dünsten. Mit den Tomatenstücken aufgießen und zu einer sämigen Soße einkochen lassen. Tomatensugo mit Oregano, Salz und Pfeffer würzen.

❸ Hefeteig in 4 gleich große Stücke teilen und auf einer bemehlten Arbeitsfläche mit dem Nudelholz dünn ausrollen, den Rand einmal umschlagen und fest andrücken. Backofen auf 200 °C vorheizen.

❹ Teig mit Tomatensoße dünn bestreichen. Tomaten von den Stängelansätzen befreien und wie den Mozzarella in dünne Scheiben schneiden. Die Pizzen damit belegen.

❺ Die Pizzen im vorgeheizten Backofen auf dem Pizzastein oder Backblech etwa 15 Minuten backen. Pizzen aus dem Ofen nehmen und mit Sardellen, Garnelen und gewaschenem und klein gezupftem Rucola belegen. Sofort servieren.

Die Pizza kann je nach Geschmack auch mit ausgelöstem Muschelfleisch, gekochten Artischocken und Oliven belegt werden. Der Phantasie sind keine Grenzen gesetzt.

Zutaten für 4–6 Personen

Grüne Maltagliate mit Wildschweinragout und Steinpilzen

❶ Grünen Nudelteig wie auf Seite 22 beschrieben zubereiten, in Klarsichtfolie wickeln und kalt stellen.

❷ Die Wildschweinschulter von Sehnen befreien und in Würfel schneiden. Salzen und pfeffern und in Öl anbraten. Karotte, Sellerie und Zwiebeln in grobe Würfel schneiden und mit dem Tomatenmark 5 Minuten mitbraten. Backofen auf 180 °C vorheizen.

❸ Die Gewürze in einem Mörser grob zerreiben und das Fleisch damit würzen. Etwas Rotwein angießen und die Flüssigkeit reduzieren lassen. Diesen Vorgang wiederholen. So bekommt die Soße einen schönen Glanz. Mit 1/2 l Wasser aufgießen und im vorgeheizten Backofen zugedeckt etwa 2 1/2 Stunden schmoren lassen. Dabei gelegentlich umrühren. Nach etwa 1 Stunde mit dem restlichen Wasser begießen.

❹ Die Fleischstücke mit einer Gabel herausnehmen und die Soße durch ein feines Sieb passieren. Je nach Konsistenz noch etwas reduzieren lassen und mit Salz und Pfeffer würzen. Die Fleischstücke mit einer Gabel in kleine Stücke zupfen und zur Soße geben.

❺ Den Nudelteig kurz durchkneten und auf der mit Mehl bestäubten Arbeitsfläche dünn ausrollen. Mit einem Messer der Länge nach in etwa 2 cm breite Bahnen und diese wiederum in etwa 3 cm breite Rauten schneiden. Salzwasser zum Kochen bringen und die Maltagliate darin in etwa 3 Minuten al dente garen. Auf ein Sieb schütten und abtropfen lassen.

❻ In der Zwischenzeit die Steinpilze in heißer Butter von beiden Seiten anbraten. Schalotten dazugeben und kurz durchschwenken. Mit Salz und Pfeffer würzen und mit Petersilie verfeinern. Die Maltagliate mit dem Ragout und den Steinpilzen auf Tellern anrichten.

Zutaten für 4 Personen

grüner Nudelteig (Grundrezept siehe Seite 22)
400 g Wildschweinschulter
Salz
schwarzer Pfeffer aus der Mühle
2 EL Öl
1 Karotte, geschält
1/4 Knollensellerie, geschält
4 Zwiebeln, geschält
2 EL Tomatenmark
5 Pfefferkörner
2 Pimentkörner
5 Wacholderbeeren
2 Nelken
1 Lorbeerblatt
1/4 l Rotwein
3/4 l Wasser
4 Steinpilze, geputzt und in nicht zu dünne Scheiben geschnitten
2 EL Butter
1 Schalotte, in feine Würfel geschnitten
1 EL fein gehackte Petersilie

Spinat-Ziegenkäse-Nockerl mit Salbei-Parmaschinken-Butter

500 g frischer Blattspinat
Salz
100 g Ziegenfrischkäse
2 Eier
frisch geriebene Muskatnuss
schwarzer Pfeffer aus der Mühle
80 g geriebenes Weißbrot
80 g geriebener Parmesan
100 g Mehl, Type 00
50 g Butter
4 Scheiben Parmaschinken, hauchdünn geschnitten
1 Salbeizweig

❶ Blattspinat putzen, waschen und in reichlich kochendem Salzwasser blanchieren. Über einem Sieb abgießen und in eiskaltes Wasser tauchen. Abtropfen lassen, dann mit den Händen gut ausdrücken und grob hacken.

❷ Ziegenkäse mit Blattspinat und Eiern vermischen und mit Salz, Muskat und Pfeffer abschmecken. Vorsichtig geriebenes Weißbrot, Parmesan und das Mehl einarbeiten. Miteinander verrühren, bis ein homogener Teig entsteht.

❸ Mit zwei Teelöffeln Nocken abstechen und in siedendem Salzwasser etwa 4 Minuten ziehen lassen.

❹ Die Butter aufschäumen lassen und den in Streifen geschnittenen Parmaschinken sowie die abgezupften Salbeiblätter darin anschwitzen. Die Nocken vorsichtig mit einer Schaumkelle aus dem Wasser nehmen, auf Tellern anrichten und mit der heißen Butter begießen.

Zutaten für 4 Personen

Gnocchi mit Radicchio, Kapern und Oliven

❶ Die noch heißen Kartoffeln durch eine Kartoffelpresse auf eine bemehlte Arbeitsfläche drücken. Radicchio in heißer Butter anschwitzen und so lange rösten, bis keine Flüssigkeit mehr vorhanden ist. Etwas abkühlen lassen, dann zu den Kartoffeln geben.

❷ Mehl, Grieß, Eigelbe und Salz dazugeben und zu einem homogenen Teig verarbeiten. Falls nötig, je nach Konsistenz des Teiges noch etwas Mehl hinzufügen.

❸ Den Teig zu zwei fingerdicken Rollen formen. Die Rollen in 2 cm große Stücke schneiden und mit einer Gabel zu Gnocchi formen. In reichlich kochendes Salzwasser geben und etwa 5 Minuten ziehen lassen.

❹ Entkernte Oliven, Kapern und Knoblauch mit dem Olivenöl mixen und mit Salz und Pfeffer würzen. Die Gnocchi mit einer Schaumkelle aus dem Kochwasser heben und mit der Ölsoße vermischen. Sofort servieren.

Zutaten für 4 Personen

800 g mehlig kochende Kartoffeln, gekocht und geschält
1 EL Butter
200 g fein geschnittener Radicchio di Treviso
150 g Mehl, Type 405
100 g Grieß
2 Eigelbe
Salz
50 g entkernte schwarze Oliven
1 EL Kapern
1 Msp fein gehackter Knoblauch
6 EL Olivenöl
schwarzer Pfeffer aus der Mühle

Spaghetti mit Garnelen, Gurke und Peperoncini

1 Salatgurke, geschält
2 Knoblauchzehen, geschält und fein gehackt
2 getrocknete Peperoncini, fein zerrieben
4 EL Olivenöl
1 rote Zwiebel, geschält
500 g Spaghetti
Salz
20 Garnelen, ohne Kopf und Schale
80 g schwarze Oliven
2 EL Butter
1 EL glatte Petersilie, fein gehackt

❶ Salatgurke längs halbieren und in 4 cm lange und 1 cm breite Stifte schneiden. Knoblauch und Peperoncini in Olivenöl anbraten. Gurken und Garnelen dazugeben und weitere 4 Minuten braten.

❷ Rote Zwiebeln in hauchdünne Ringe schneiden oder hobeln. Spaghetti in reichlich kochendem Salzwasser etwa 8 Minuten al dente garen. Über einem Sieb abgießen und zu den Garnelen geben.

❸ Rote Zwiebeln und Oliven unterheben und mit Butter und gehackter Petersilie verfeinern.

Zutaten für 4 Personen

Pappardelle mit Paprikasugo

je 1 rote, gelbe und grüne Paprikaschote
3 EL Olivenöl
1 Knoblauchzehe, fein gehackt
1 EL Weißweinessig
100 ml Tomatensugo (siehe Seite 44/45)
Salz
1 Prise Zucker
schwarzer Pfeffer aus der Mühle
30 g Butter
1 Stückchen unbehandelte Zitronenschale
1 Petersilienstängel
1 Oreganozweig
1 Msp Kümmel
500 g Pappardelle (breite Bandnudeln)

❶ Die Paprikaschoten waschen, entkernen und in kleine Würfel schneiden. In erhitztem Olivenöl anschwitzen, Knoblauch dazugeben und mit Weißweinessig ablöschen. Mit Tomatensoße aufgießen und bei schwacher Hitze etwa 20 Minuten köcheln lassen. Mit Salz, einer Prise Zucker und Pfeffer würzen.

❷ Butter, Zitronenschale, abgezupfte Petersilien- und Oreganoblättchen sowie Knoblauch und Kümmel miteinander sehr fein hacken.

❸ Pappardelle in siedendem Salzwasser al dente kochen. Auf einem Sieb abgießen und sofort mit dem Paprikasugo vermischen. Buttermischung kurz erhitzen, über der Pasta verteilen und mit frischem Weißbrot servieren.

Zutaten für 4 Personen

Kürbisgnocchi mit Salsiccia und Fenchel

Wer keine Salsiccia bekommt, kann statt dessen auch grobe Bratwürste oder Lammbratwürste verwenden. Am besten beim Metzger vorbestellen.

❶ Backofen auf 190 °C vorheizen. Muskatkürbis in etwa 4 cm dicke Spalten schneiden. Salzen, pfeffern, zuckern und mit Alufolie umhüllen. Im vorgeheizten Backofen etwa 1 1/2 Stunden langsam garen. Dann auswickeln, die Kerne entfernen und das weiche Fleisch in einem Topf bei geringer Hitze langsam trocknen. Anschließend das Kürbismus vollständig auskühlen lassen.

❷ Kürbismus, Eier und Mehl zu einem festen Teig verkneten und kleine Kugeln daraus formen. Über einem Gabelrücken oder mit einem speziellen Gerät zu Gnocchi formen. Bis zur Weiterverwendung mit Mehl bestäuben und mit einem Küchentuch bedecken.

❸ Salsiccia in 1 cm große Stücke schneiden und in Olivenöl goldbraun braten. Mit etwas Salz, Pfeffer und Fenchel würzen.

❹ Kürbisgnocchi in reichlich siedendem Salzwasser etwa 5 Minuten garen. Auf ein Sieb schütten, abtropfen lassen und mit den Wurststücken vermischen. Die Butter in Flöckchen darübergeben, kurz durchschwenken und sofort servieren.

Zutaten für 4 Personen

1 kg reifer Muskatkürbis
Salz
weißer Pfeffer aus der Mühle
1 Prise Zucker
2 Eier
300 Mehl Type 405
400 g Salsiccia (rohe, grobe italienische Bratwürste)
1 EL Olivenöl
frisch geriebene Muskatnuss
1/2 TL Fenchelkörner
1 EL Butter

Spaghetti Aurora
Spaghetti mit Tomaten-Sahne-Soße

Wie bei den meisten Gerichten spielt auch bei diesem Rezept die Qualität der Zutaten die Hauptrolle. Denn nur mit geschmacksintensiven Tomaten und Kräutern wird die Pasta zu einem wirklichen Geschmackserlebnis. Wer mag, kann die Tomatensoße mit gekochtem Schinken und jungen Erbsen verfeinern.

❶ Zwiebelwürfel und Knoblauch in Olivenöl anschwitzen. Die klein geschnittenen Tomatenwürfel dazugeben und mit Salz, Zucker, Pfeffer und etwas Peperoncino würzen. So lange köcheln lassen, bis die Flüssigkeit verkocht ist.

❷ Die Sahne dazugießen und aufkochen lassen. Nochmals abschmecken und zum Schluss das fein geschnittene Basilikum untermischen.

❸ In der Zwischenzeit die Spaghetti in reichlich siedendem Salzwasser etwa 8 Minuten al dente kochen. Auf ein Sieb schütten, abtropfen lassen und mit der Tomatensoße vermischen.

❹ Kurz durchschwenken und auf vorgewärmten tiefen Tellern anrichten. Vom frisch geriebenen Parmesan bedient sich jeder nach Geschmack.

Zutaten für 4 Personen

1 Zwiebel, in kleine Würfel geschnitten
1 Knoblauchzehe, in kleine Würfel geschnitten
2 EL Olivenöl
4 Tomaten, enthäutet und entkernt
Salz
1 Prise Zucker
weißer Pfeffer aus der Mühle
etwas Peperoncino
200 g Sahne
1/2 Bund Basilikum
500 g Spaghetti
50 g Parmesan, frisch gerieben

Bucatini alla Carbonara

Eine Pasta, wie geschaffen für den großen Hunger und die schnelle Küche. Mit wenig Aufwand ein großer Erfolg – bei großen und kleinen Kindern.

100 g Speck am Stück
1 Zwiebel
500 g Bucatini
Salz
2 EL Olivenöl
300 g Sahne
6 Eigelbe
60 g Parmesan
schwarzer Pfeffer aus der Mühle

❶ Speck von Schwarte und Knorpeln befreien und in kleine Würfel schneiden. Zwiebel schälen und ebenfalls in kleine Würfel schneiden.

❷ Bucatini in reichlich siedendem Salzwasser in etwa 8 Minuten al dente kochen. Auf ein Sieb schütten und abtropfen lassen.

❸ In der Zwischenzeit in einer großen Pfanne die Speck- und Zwiebelwürfel in erhitztem Olivenöl etwa 4 Minuten bei schwacher Hitze glasig braten.

❹ Sahne mit Eigelben und 30 g Parmesan verrühren und mit Salz und Pfeffer würzen.

❺ Die heiße Pasta mit Speck und Zwiebeln vermischen und mit der Sahnesoße begießen. Kurz erhitzen, dabei immer wieder rühren. Darauf achten, dass die Soße auf keinen Fall kocht, da sonst die Eigelbe gerinnen und ihre Bindefähigkeit verloren geht. Die Pasta falls nötig noch einmal abschmecken und sofort servieren. Restlichen Parmesan nimmt sich jeder bei Tisch nach Geschmack.

Zutaten für 4 Personen

9. Crespelle, Risotti und Polenta

Crespelle mit Spinat-Tomaten-Füllung

❶ Für den Eierkuchenteig das Mehl mit Milch, Butter, Eiern und 1 Eigelb zu einem homogenen Teig verrühren und leicht salzen.

❷ Den Spinat putzen, waschen und in kochendem Salzwasser blanchieren. Sofort in eiskaltem Wasser abschrecken, damit die Farbe erhalten bleibt. Auf einem Sieb abtropfen lassen und mit den Händen kräftig ausdrücken.

❸ Knoblauchzehen schälen und in kleine Würfel schneiden, den Spinat grob hacken. Ricotta mit restlichem Eigelb, gehacktem Knoblauch, Salz und Pfeffer verrühren. Zum Schluss den Spinat unterheben.

❹ Die Tomaten von den Stängelansätzen befreien, kreuzförmig einschneiden und in kochendem Wasser kurz blanchieren. Aus dem Wasser nehmen, in kaltem Wasser abschrecken, häuten, vierteln, entkernen und in kleine Würfel schneiden. Das Olivenöl in einer Pfanne erhitzen, die Tomaten dazugeben und kurz darin schwenken. Mit Salz, einer Prise Zucker und Pfeffer würzen. Backofen auf 180 °C vorheizen.

❺ Etwas Öl in einer Pfanne erhitzen und nacheinander acht dünne Eierkuchen backen. Nebeneinander liegend ausbreiten und die Ricotta-Spinat-Füllung gleichmäßig darauf verteilen. Aufrollen und in eine längliche gefettete Auflaufform schichten. Die gedünsteten Tomaten darauf verteilen und mit den beiden Käsesorten bestreuen. Im vorgeheizten Ofen etwa 15 Minuten backen.

Zutaten für 4 Personen

120 g Mehl
200 ml Milch
50 g flüssige Butter
2 Eier
2 Eigelbe
Salz
500 g Blattspinat
3 Knoblauchzehen
400 g Ricotta
schwarzer Pfeffer aus der Mühle
2 Tomaten
2 EL Olivenöl
1 Prise Zucker
Öl zum Ausbacken
80 g Bel Paese, gerieben
1 EL Parmesan, gerieben
Butter zum Fetten der Form

Crespelle mit Senffrüchten und Hähnchenbrust

In Italien konserviert man gerne Früchte wie Kirschen, Pflaumen, Pfirsiche, Feigen, Mirabellen und Birnen mit Zucker, Glukosesirup, Wasser und Senföl. Das Obst erhält dadurch eine raffinierte pikante Schärfe, die gut zu Geflügel passt.

120 g Mehl
200 ml Milch
2 Eier
1 Eigelb
50 g flüssige Butter
Salz
Öl zum Braten
2 Hähnchenbrüste ohne Haut und Knochen
120 g Champignons
2 EL Butter
80 g gemischte Senffrüchte, fein gehackt
80 g Taleggio
150 g Crème fraîche
50 g Sahne
weißer Pfeffer aus der Mühle

❶ Aus Mehl, Milch, Eiern, Eigelb, Butter und einer Prise Salz einen glatten Eierkuchenteig zubereiten und 30 Minuten ruhen lassen. Anschließend in einer Pfanne mit wenig Öl acht Crespelle (knusprige Pfannkuchen) von 15 cm Durchmesser ausbacken. Auf einem Kuchengitter etwas abkühlen lassen.

❷ Die Hähnchenbrüste in mundgerechte Stücke teilen und mit Salz und Pfeffer würzen. Champignons in dünne Scheiben schneiden. Das Hähnchenfleisch in 1 1/2 EL Butter goldbraun anbraten. Die Champignons dazugeben, kurz durchschwenken und mit Salz und Pfeffer würzen.

❸ Eine feuerfeste ovale Form mit etwas Butter ausstreichen. Die Crespelle nebeneinander ausbreiten, jeweils mit Senffrüchten und Geflügel-Champignon-Ragout belegen und aufrollen. In die gefettete Form schichten. Backofen auf 190 °C vorheizen.

❹ Taleggio entrinden, in dünne Scheiben schneiden und die Crespelle damit belegen. Crème fraîche mit Sahne verrühren, salzen und die Crespelle damit begießen. Im vorgeheizten Backofen etwa 20 Minuten backen.

Zutaten für 4 Personen

Crespelle mit würziger Salsiccia-Zwiebel-Soße

Die italienischen Schweinswürste sind sehr aromatisch gewürzt und schmecken daher besonders lecker. Man kann zur Füllung der knusprigen Pfannkuchen aber natürlich auch Schweinehackfleisch verwenden.

120 g Mehl
200 ml Milch
2 Eier
1 Eigelb
50 g flüssige Butter
500 g Salsiccia (rohe, grobe italienische Bratwürste)
3 Zwiebeln, geschält
2 Knoblauchzehen, geschält
3 EL Olivenöl
1 Thymianzweig
1 Msp Paprikapulver, edelsüß
1 TL Tomatenmark
1 kleine Dose Tomaten, in Stücken
Butter zum Fetten der Form
Salz
1 Prise Zucker
schwarzer Pfeffer aus der Mühle

❶ Aus Mehl, Milch, Eiern und Eigelb, Butter und einer Prise Salz einen glatten Teig zubereiten und 30 Minuten ruhen lassen. Danach acht knusprige dünne Pfannkuchen von 15 cm Durchmesser in einer Pfanne mit Öl ausbacken. Auf einem Kuchengitter etwas abkühlen lassen.

❷ Salsiccia in 1 cm dicke Scheiben schneiden. Zwiebeln halbieren und in Streifen schneiden, Knoblauch hacken und beides in 2 EL Olivenöl glasig dünsten.

❸ Salsiccia und Thymianzweig dazugeben und mit Paprikapulver bestäuben. Das Tomatenmark unterrühren, die Tomatenstücke hinzufügen und 20 Minuten bei schwacher Hitze köcheln lassen. Mit Salz, Zucker und Pfeffer würzen. Backofen auf 190 °C vorheizen.

❹ Die Crespelle mit dem Ragout füllen und in eine gefettete Form schichten. Mit Mozzarellascheiben belegen und im vorgeheizten Backofen etwa 20 Minuten backen.

Zutaten für 4 Personen

Crespelle mit Ricotta und Radicchio

120 g Mehl
200 ml Milch
2 Eier
2 Eigelbe
50 g flüssige Butter
Salz
2 kleine Radicchio
2 Schalotten
2 Knoblauchzehen
1 EL Butter
1 Prise Zucker
2 EL Aceto Balsamico
2 Oreganozweige
schwarzer Pfeffer aus der Mühle
250 g Ricotta
80 g Gorgonzola
Öl zum Ausbacken

Radicchio ist keinesfalls nur ein optisch schöner und knackiger Salat. Geschmort oder gebraten schmeckt er noch aromatischer.

❶ Für den Pfannkuchenteig das Mehl mit Milch, Eiern, 1 Eigelb und flüssiger Butter zu einem homogenen Teig verrühren und leicht salzen.

❷ Den Radicchio putzen, halbieren, vom Strunk befreien und in lauwarmem Wasser waschen. Am besten mit einer Salatschleuder trocknen. Anschließend die Blätter klein zupfen.

❸ Die Schalotten und Knoblauchzehen schälen, in kleine Würfel schneiden und in Butter glasig dünsten. Radicchio dazugeben, kurz mitanschwitzen und mit dem Zucker glasieren. Mit Aceto Balsamico ablöschen und 5 Minuten bei schwacher Hitze weich schmoren. Mit gehackten Oreganoblättern, Salz und Pfeffer würzen.

❹ Abgekühlten Radicchio und restliches Eigelb mit Ricotta verrühren und mit Salz und Pfeffer herzhaft abschmecken.

❺ In einer mittelgroßen Pfanne (etwa 16 cm Durchmesser) acht dünne Pfannkuchen in etwas Öl backen. Backofen auf 180 °C vorheizen.

❻ Crespelle nebeneinander auf einem Brett ausbreiten und gleichmäßig mit der Radicchio-Füllung bestreichen. Erst zur Hälfte und dann zu einem Viertel zusammenklappen.

❼ Crespelle in eine gebutterte Auflaufform setzen und mit dem in Scheiben geschnittenen Gorgonzola gleichmäßig belegen. Im vorgeheizten Backofen etwa 15 Minuten backen.

Zutaten für 4 Personen

Gegrillte Polenta mit Cocktailtomaten und Fontina

Welchen Stellenwert Polenta in Italien hat, merkt man schon daran, dass es einen speziellen Polentakochtopf gibt. Um eine richtige Polenta zuzubereiten, braucht man jedoch etwas Geduld.

❶ Das Wasser in einem breiten Topf zum Kochen bringen. Polenta mit einem Kochlöffel einrühren und auf kleiner Hitze unter ständigem Rühren etwa 45 Minuten garen.

❷ Die fertige Polenta leicht salzen und in eine gebutterte Form füllen und auskühlen lassen.

❸ Die abgekühlte Polenta aus der Form stürzen und mit einem Messer in 2 cm breite Scheiben schneiden. Eine Auflaufform mit restlicher Butter auspinseln und die Polentascheiben dachziegelartig hineinschichten. Backofen auf 190 °C vorheizen.

❹ Die Cocktailtomaten waschen und halbieren. Das Olivenöl erhitzen, die Tomaten darin kurz anbraten und mit Salz, Zucker und Pfeffer würzen.

❺ Die Tomaten gleichmäßig auf der Polenta verteilen und mit geriebenem Fontinakäse bestreuen. Im vorgeheizten Backofen etwa 20 Minuten goldbraun überbacken.

Zutaten für 4 Personen

3/4 l Wasser
180 g Maisgrieß
Salz
1 EL Butter
16 Cocktailtomaten
2 EL Olivenöl
1 Prise Zucker
schwarzer Pfeffer aus der Mühle
150 g Fontinakäse

Flüssige Polenta mit Gorgonzola und Butter

1 l Wasser
150 g Maisgrieß
Salz
frisch gemahlene Muskatnuss
100 g Gorgonzola
20 g Butter

❶ Wasser aufkochen, Maisgrieß unter ständigem Rühren einrieseln lassen und unter weiterem Rühren etwa 45 Minuten köcheln. Mit Salz und Muskat würzen.

❷ Gorgonzola und Butter klein schneiden und zum Schluss unter die Polenta rühren. In einer Schüssel servieren.

Zutaten für 4 Personen

Polenta mit Pfifferlingen und Rosmarinbutter

1 l Wasser
150 g Maisgrieß
Salz
frisch gemahlene Muskatnuss
350 g Pfifferlinge
1 Bund Frühlingszwiebeln
4 EL Butter
1 Rosmarinzweig
schwarzer Pfeffer aus der Mühle
1 EL Petersilie, fein gehackt

❶ Polenta nach oben stehendem Rezept bereiten.

❷ Pfifferlinge putzen, kurz waschen, auf einem Sieb abtropfen lassen und auf einem Küchentuch ausgebreitet trocknen lassen.

❸ Frühlingszwiebeln putzen und schräg in dünne Ringe schneiden.

❹ Pfifferlinge in 2 EL aufgeschäumter Butter anbraten. Einige Rosmarinnadeln abzupfen und beiseite legen. Den Rosmarinzweig und die Frühlingszwiebeln etwa 5 Minuten bei schwacher Hitze mit den Pilzen braten. Rosmarinzweig wieder entfernen, die restliche Butter dazugeben und mit Salz, Pfeffer und Muskat würzen. Rosmarinnadeln fein hacken und mit der Petersilie zu den Pilzen geben.

❺ Polenta mit der Pfifferling-Zwiebel-Mischung auf Tellern anrichten.

Zutaten für 4 Personen

Prosecco-Risotto mit gebratenen Steinpilzen

Wer das Glück hat, in der Nähe eines Waldes zu leben, sollte sich selber auf die Suche nach aromatischen Waldpilzen machen. Die selbst gefundenen schmecken immer noch am besten.

❶ Pilze putzen, in nicht zu dünne Scheiben schneiden und beiseite legen. Die Stiele fein hacken.

❷ 2 Schalotten und Knoblauch schälen, in kleine Würfel schneiden und in 2 EL Olivenöl und der Butter anschwitzen. Den Reis dazugeben und glasig werden lassen. Rosmarin und die gehackten Steinpilzstiele hinzufügen und mit Prosecco ablöschen.

❸ Nach und nach unter Rühren mit der Gemüsebrühe aufgießen und den Reis bissfest garen. Mit Salz, Pfeffer und Muskat abschmecken.

4 Das restliche Olivenöl in einer beschichteten Pfanne erhitzen und die Pilzscheiben darin goldgelb braten. Restliche Schalotte schälen und in Würfel schneiden, zusammen mit Knoblauch und Petersilie zum Risotto geben.

❺ Zum Schluss den geriebenen Parmesan unter den Reis rühren und servieren.

Zutaten für 4 Personen

250 g frische Steinpilze
2 1/2 Schalotten
1 Knoblauchzehe
4 EL Olivenöl
1 EL Butter
350 g Risotto-Reis (Arborio oder Vialone)
1/2 TL Rosmarinnadeln, fein gehackt
200 ml Prosecco
3/4 l Gemüsebrühe
Salz
weißer Pfeffer aus der Mühle
frisch geriebene Muskatnuss
1 Msp Knoblauch, gehackt
1 EL Petersilie, gehackt
80 g Parmesan

Spinatrisotto mit weißen Trüffeln

600 g Wurzelspinat
2 Schalotten, in kleine Würfel geschnitten
2 Knoblauchzehen, in kleine Würfel geschnitten
2 EL Olivenöl
2 EL Butter
300 g Vialone-Reis (Risottoreis)
200 ml trockener Weißwein
etwa 3/4 l Gemüsebrühe
Salz
weißer Pfeffer aus der Mühle
frisch geriebene Muskatnuss
80 g geriebener, junger Parmesan
1 weiße Trüffel (etwa 40 g)

Im Herbst lassen Trüffel jedes Feinschmeckerherz höher schlagen. Dies ist bestimmt kein Gericht für alle Tage, aber so dann und wann sollte man den Gaumen richtig verwöhnen.

❶ Wurzelspinat putzen, gründlich waschen und in kochendem Salzwasser 4 Minuten blanchieren. Über einem Sieb abgießen und in eiskaltem Wasser abschrecken. Kräftig ausdrücken und grob hacken.

❷ Schalotten und Knoblauch in Öl und 1 EL Butter glasig dünsten. Den Reis dazugeben, kurz mitanschwitzen und mit dem Weißwein ablöschen.

❸ Nach und nach mit der Gemüsebrühe aufgießen und unter Rühren den Reis in etwa 15 Minuten bissfest garen.

❹ Mit Salz, weißem Pfeffer und Muskat abschmecken.

❺ Zum Schluss den geriebenen Parmesan, die restliche kalte Butter und den gehackten Spinat unter den Reis schwenken und auf Tellern anrichten.

❻ Die weiße Trüffel mit einem Küchentuch oder einer speziellen Trüffelbürste abreiben und hauchdünn über den Risotto hobeln.

Zutaten für 4 Personen

Kürbisrisotto mit Ricotta

Am besten schmecken die aromatischen Muskatkürbisse. Sie bestechen nicht nur durch ihre wunderschön leuchtend orange Farbe, sondern auch durch ihr intensives Aroma. Mittlerweile kann man sie schon portioniert kaufen. Auch kleine Kürbisarten, wie der Hokkaido-Kürbis, schmecken hervorragend. Wegen des härteren Fruchtfleisches sollte man ihre Garzeit verlängern.

❶ Kürbisfleisch und Zwiebel in kleine Würfel schneiden und in 1 EL erhitzter Butter anbraten. Mit Zucker bestreuen und mit etwas Wasser begießen. Bei schwacher Hitze weich schmoren, dabei immer wieder umrühren. Wenn nötig, ab und zu mit Wasser begießen. Das Kürbisfleisch sollte sehr weich und trocken sein. Mit dem Stabmixer fein pürieren und mit Salz und Pfeffer würzen.

❷ Schalotten und Knoblauch in Olivenöl und 1 EL Butter glasig anschwitzen. Den Reis dazugeben, kurz mitanschwitzen und mit dem Weißwein ablöschen.

❸ Nach und nach mit der Gemüsebrühe aufgießen und unter Rühren in etwa 15 Minuten bissfest garen. Mit Salz, weißem Pfeffer und Muskat abschmecken.

❹ Zum Schluss den geriebenen Parmesan, die restliche kalte Butter und das Kürbismus unter den Reis rühren.

❺ Kürbisrisotto in tiefen Tellern anrichten. Jeweils etwas Ricotta in die Mitte geben und mit Chiliöl beträufeln. Mit gebratenen Kürbisscheiben garnieren.

Zutaten für 4 Personen

400 g Kürbisfleisch
1 geschälte Zwiebel
3 EL Butter
1 Prise Zucker
Salz
weißer Pfeffer aus der Mühle
2 Schalotten, in kleine Würfel geschnitten
2 Knoblauchzehen, in kleine Würfel geschnitten
2 EL Olivenöl
300 g Vialone-Reis (Risottoreis)
200 ml trockener Weißwein
etwa 3/4 l Gemüsebrühe
frisch geriebene Muskatnuss
80 g junger Parmesan, gerieben
2 EL Ricotta
Chiliöl

10. Fische und Krustentiere

Branzino
Gebratener Wolfsbarsch mit Petersilie und Zitrone

600 g Wolfsbarsch im Ganzen
Salz
weißer Pfeffer aus der Mühle
1/2 Bund glatte Petersilie
2 Thymianzweige
2 kleine frische Lorbeerblätter
Mehl zum Bestäuben
2 EL Olivenöl
2 EL Kapern
2 Zitronen
3 EL Butter

Den Wolfsbarsch am besten schon vom Fischhändler küchenfertig vorbereiten lassen. Anstelle von Wolfsbarsch eignen sich auch Forelle, Goldbrasse oder Dorade.

❶ Den Wolfsbarsch, vor allem die Bauchhöhle, unter fließend kaltem Wasser waschen und mit Küchenpapier trockentupfen.

❷ Mit einem scharfen Messer hinter dem Kopf auf beiden Seiten drei bis vier parallele Schnitte (etwa 5 cm lang) anbringen, damit der Fisch gleichmäßiger gart und die Haut sich nicht zusammenzieht. Den Wolfsbarsch innen und außen mit Salz und Pfeffer würzen. Den Bauch mit einigen Petersilienstängeln, 1 Thymianzweig und 1 Lorbeerblatt füllen. Die Hautseite leicht mit Mehl bestäuben, damit sie beim Braten knusprig. wird. Den Backofen auf 180 °C vorheizen.

❸ Das Olivenöl in einer großen Pfanne erhitzen und den Fisch darin von beiden Seiten anbraten. Nach 3 Minuten vorsichtig wenden.

❹ Den Fisch in der Pfanne im vorgeheizten Backofen in etwa 12 Minuten fertig garen, dabei immer wieder mit dem austretenden Saft begießen.

❺ In der Zwischenzeit die Kapern grob hacken. Die Zitrone mit einem Messer so schälen, dass auch die weiße Haut völlig entfernt ist. Die Zitrone mit einem scharfen Messer filetieren. Von den restlichen Petersilienstängeln die Blätter abzupfen und grob hacken.

❻ Den Fisch aus dem Ofen nehmen und das Öl abgießen. Butter in einer Pfanne aufschäumen lassen und Kapern, Zitronenfilets, restlichen Thymian und Lorbeer sowie die Petersilie dazugeben. Mit Salz und Pfeffer würzen. Wolfsbarsch auf einer Platte anrichten und mit der Zitronen-Kapern-Butter begießen. Dazu passt Weißbrot.

Zutaten für 2 Personen

Gebratener Seeteufel mit Fenchel und Artischocken

❶ Fenchel putzen, halbieren und in 1 cm dicke Spalten schneiden. Die holzigen und harten äußeren Blätter der Artischocken entfernen. Von den übrigen Blättern die Spitzen abschneiden. Das Heu mit einem Löffel herauslösen. Artischocken sofort in Zitronenwasser legen.

❷ Tomaten halbieren. Seeteufel in 2 cm dicke Medaillons schneiden mit Salz und Pfeffer würzen und in Olivenöl von beiden Seiten etwa 3 Minuten braten. Seeteufel aus der Pfanne nehmen und warm stellen. Die Butter erhitzen und Fenchel und Artischocken 3 Minuten darin anbraten. Tomaten, Fischfond und Thymian dazugeben, mit Cayennepfeffer würzen und weitere 5 Minuten köcheln lassen. Fenchelsamen im Mörser fein zerreiben und das Gemüse damit abschmecken. Seeteufelmedaillons auf dem Artischockengemüse anrichten.

200 g Fenchel
8 junge Artischocken
1 Zitrone
200 g Cocktailtomaten, geschält
600 g Seeteufel
Salz
weißer Pfeffer aus der Mühle
1 EL Olivenöl
2 EL Butter
200 ml Fischfond
2 Thymianzweige
Cayennepfeffer
1/2 TL Fenchelsamen

Steinbutt mit Lauch und frischem Estragon

❶ Lauch putzen, halbieren, gründlich waschen und in 1 cm breite Stücke schneiden. Die Kartoffeln in Salzwasser garen und auf einem Sieb abtropfen lassen. Lauch in 1 EL Butter anschwitzen, mit Fischfond aufgießen und 5 Minuten köcheln lassen. Kartoffeln dazugeben und mit Salz, Pfeffer und Senf abschmecken.

❷ Steinbuttfilets salzen und pfeffern, mit Mehl leicht bestäuben und in Olivenöl und restlicher Butter von beiden Seiten etwa 3 Minuten goldgelb braten. Die Sahne leicht schaumig schlagen und unter das heiße Lauchgemüse geben. Mit fein gehacktem Estragon verfeinern. Das Kartoffel-Lauch-Gemüse auf Tellern verteilen und mit den Steinbuttfilets belegen.

Zutaten jeweils für 4 Personen

2 Stangen Lauch
500 g Kartoffeln, geschält und in kleine Würfel geschnitten
2 EL Butter
100 ml Fischfond
Salz
weißer Pfeffer aus der Mühle
Mehl zum Bestäuben
1 TL scharfer Senf
500 g Steinbuttfilets
1 EL Olivenöl
100 g Sahne
2 Estragonzweige

Gebratene Garnelen mit Knoblauch-Kräuter-Butter

24 Garnelen mit Kopf und Schale
2 Knoblauchzehen
3 EL Butter
1/2 Bund Schnittlauch
2 EL Petersilie, gehackt
Salz
schwarzer Pfeffer aus der Mühle
1/2 TL abgeriebene Schale einer unbehandelten Zitrone

Am besten schmecken Garnelen natürlich mit Schale gegart, da beim Garen die Schale ihren ganzen Geschmack an das Fleisch abgibt. Auch in vornehmsten Restaurants werden Garnelen oder Flusskrebse ohne Besteck serviert. Die Hände reinigt man sich im bereit gestellten Zitronenwasser.

❶ Die Garnelen waschen und abtrocknen. Knoblauchzehen schälen, halbieren und in feine Scheiben schneiden. Den Backofen auf 190 °C vorheizen.

❷ Eine feuerfeste Form mit etwas Butter ausfetten. Die Garnelen mit Salz und Pfeffer würzen, in die Form geben und im vorgeheizten Backofen etwa 10 Minuten garen.

❸ In der Zwischenzeit den Schnittlauch in feine Röllchen schneiden. Restliche Butter mit dem Handrührgerät schaumig schlagen und mit Knoblauch, Petersilie und Schnittlauch verrühren. Mit Salz, Pfeffer und abgeriebener Zitronenschale würzen.

❹ Die Garnelen aus dem Ofen nehmen und mit der Kräuterbutter bedecken. Für weitere 5 Minuten bei starker Oberhitze im Ofen überbacken. Garnelen am besten gleich in der Form mit frischem Weißbrot und Zitronenspalten servieren.

Zutaten für 4 Personen

Gratinierte Muscheln mit Kräutern

Mit Muscheln hat man rasch eine leckere warme Vorspeise gezaubert, dazu bedarf es keiner großen Kochkunst. Wichtig ist vor allem, dass die Muscheln frisch sind. Muscheln, die sich beim Kochen nicht öffnen, dürfen auch nicht verzehrt werden.

❶ Die Muscheln von Heu, Sand und sonstigen Unreinheiten befreien und unter fließendem Wasser gründlich mit einer Bürste säubern.

❷ Olivenöl in einem Schmortopf erhitzen. Schalottenringe und Lorbeerblätter dazugeben und in 4 Minuten glasig dünsten.

❸ Die tropfnassen Muscheln zu den Schalotten geben und den Topf mit einem Deckel bedecken.

❹ Die Muscheln aufspringen lassen, dabei den Topf gelegentlich bewegen, damit sie nicht am Topfboden haften bleiben. Muscheln über einem Sieb abgießen.

❺ Die Muscheln etwas abkühlen lassen, aufklappen und das Muskelfleisch herauslösen. Nur die Muscheln verwenden, die beim Kochen aufgesprungen sind. Muschelfleisch wieder in eine Muschelhälfte legen.

Zutaten für 4 Personen

1–1,2 kg Miesmuscheln
2 Schalotten, in Ringe geschnitten
2 Lorbeerblätter
100 g geriebenes Weißbrot
100 g Butter
1 Bund glatte Petersilie
2 Knoblauchzehen, fein gehackt
3 EL Olivenöl
Salz
schwarzer Pfeffer aus der Mühle
grobes Meersalz

❻ Petersilie abzupfen und fein hacken. Knoblauch schälen und ebenfalls fein hacken.

❼ Butter mit dem Handrührgerät schaumig schlagen, geriebenes Weißbrot zugeben und kräftig miteinander vermengen. Mit gehackter Petersilie, Knoblauch, Salz und Pfeffer würzen.

❾ Muscheln bei starker Oberhitze oder unter dem Grill goldbraun überbacken. Am besten mit frischem Weißbrot und einem Glas trockenen Weißwein servieren.

❽ Den Boden einer feuerfesten Form mit grobem Meersalz bestreuen. Kräuterkruste auf den einzelnen Muscheln verteilen und diese gleichmäßig auf das Meersalz in der Form setzen. Das Salz gibt den Muscheln Halt und verhindert das Anbrennen des Muschelbodens.

Sardellen in Petersilienbutter mit Tomaten und gehacktem Ei

Sardinen von Kopf und Gräten zu befreien, ist nicht so schwierig, wenn man weiß, wie es geht. Probieren Sie es einfach mal oder lassen Sie es sich von Ihrem Fischhändler zeigen.

❶ Den Bauch der Sardinen aufschneiden und den Kopf mit der Mittelgräte vorsichtig herausziehen. Sardinen unter fließendem kaltem Wasser gründlich spülen und mit Küchenpapier trocken tupfen.

❷ Vom Radicchio den Strunk herauslösen und den Kopf in 1 cm breite Scheiben schneiden.

❸ Sardinen von beiden Seiten in Mehl wenden und in heißem Öl goldbraun braten. Salzen und pfeffern, aus der Pfanne nehmen und auf Küchenpapier abtropfen lassen.

❹ Tomaten von den Stängelansätzen befreien, kreuzförmig einschneiden und in kochendem Wasser 2 Minuten blanchieren. In eiskaltem Wasser abschrecken, enthäuten, vierteln, entkernen und in kleine Würfel schneiden.

❺ Eier hacken und mit Aceto Balsamico und Olivenöl verrühren. Tomaten dazugeben und mit Salz, Zucker und Pfeffer würzen.

❻ Radicchio portionsweise auf Tellern verteilen, mit Sardinen belegen und mit der Tomaten-Eier-Vinaigrette beträufeln. Basilikumblätter klein zupfen und die Sardinen damit garnieren.

Zutaten für 4 Personen

24 frische Sardinen
1 Radicchio
Mehl zum Bestäuben
Öl
Salz
schwarzer Pfeffer aus der Mühle
3 Tomaten
2 Eier, hart gekocht und geschält
3 EL Aceto Balsamico
6 EL Olivenöl
1 Prise Zucker
einige Basilikumblätter

Gefüllte Calamari mit Tomaten-Muschel-Soße

4 Tintenfischtuben à 120 g, küchenfertig, ohne Kopf
60 g Rosinen
1 Tasse schwarzer Tee, lauwarm
50 g Pinienkerne
1 Tomate
130 g Ricotta
2 Eigelbe
80 g geriebenes Weißbrot
1/2 Bund glatte Petersilie, gehackt
Salz
schwarzer Pfeffer aus der Mühle
2 EL Olivenöl
2 Tomatenpaprika, geviertelt und entkernt
80 g Muschelfleisch, ausgelöst (Vongole)
2 Oreganozweige

Lassen Sie sich die Tintenfische gleich vom Fischhändler putzen und vorbereiten. Die Tuben können beliebig gefüllt werden, zum Beispiel mit Muscheln oder einer Spinat-Ricotta-Farce.

❶ Tintenfischtuben unter fließendem kaltem Wasser gründlich waschen und von innen und außen trockentupfen.

❷ Rosinen in Tee einweichen. Durch den neutralen Tee bleiben die natürlichen Aromen der Rosinen gut erhalten. Pinienkerne in einer Pfanne ohne Fett goldbraun rösten, abkühlen lassen und grob hacken.

❸ Die Tomate vom Stängelansatz befreien, kreuzförmig einschneiden, in kochendem Wasser kurz blanchieren und eiskalt abschrecken. Häuten, vierteln, entkernen und in kleine Würfel schneiden.

❹ Ricotta, Eigelbe, geriebenes Weißbrot, etwas Petersilie, Pinienkerne und die abgetropften Rosinen miteinander vermengen und mit Salz und Pfeffer würzen. Die Masse in die Tuben füllen, mit einem Holzspießchen verschließen und mit Salz und Pfeffer würzen. Den Backofen auf 180 °C vorheizen.

❺ Die Tuben in erhitztem Olivenöl von allen Seiten anbraten. Tomatenpaprika zugeben und im vorgeheizten Backofen in etwa 30 Minuten fertig garen. Dabei immer wieder mit etwas Wasser begießen. Kurz vor Ende der Garzeit die Muscheln dazugeben und im Bratenfond erhitzen. Tintenfischtuben mit Tomatenpaprika auf Tellern anrichten und mit der Muschelsoße begießen. Je nach Geschmack mit gehackter Petersilie oder frischen Oreganoblättern bestreuen. Mit knusprigem Weißbrot servieren.

Zutaten für 4 Personen

Gegrillter Schwertfisch mit Oliven und Kapern

2 Scheiben Schwertfisch à 500 g
Salz
schwarzer Pfeffer aus der Mühle
2 Knoblauchzehen, geschält
80 g schwarze Oliven, ohne Stein
2 EL Kapern
1 EL Olivenöl
2 EL kalte Butter
etwas Zitronensaft
1/2 Bund glatte Petersilie

Die Konsistenz und auch der Geschmack von frischem Schwertfisch erinnern an zartes Kalbfleisch. Also eine echte Alternative für Fleischfans. Wegen des festen Fleisches eignet sich Schwertfisch sehr gut zum Grillen und Braten und harmoniert auch bestens mit kräftigen Gewürzen.

❶ Schwertfisch mit Salz und Pfeffer würzen und in einer leicht geölten Grillpfanne von beiden Seiten je etwa 6 Minuten braten.

❷ In der Zwischenzeit die Knoblauchzehen in dünne Scheiben schneiden. Oliven halbieren. Kapern grob hacken.

❸ Dann den Schwertfisch mit dem Olivenöl beträufeln und nach weiteren 3 Minuten aus der Pfanne nehmen und auf eine vorgewärmte Platte legen.

❹ Die kalte Butter in die Pfanne geben, Oliven und Kapern dazugeben, kurz durchschwenken und mit Zitronensaft, Salz und Pfeffer würzen. Mit Petersilie verfeinern und über den Schwertfisch gießen.

❺ Schwertfisch mit frischem Weißbrot oder Olivenbrot servieren. Köstlich schmeckt dazu ein Glas nicht zu tanninreicher Rotwein.

Zutaten für 4 Personen

11. Fleischgerichte

Involtini
Kalbsrouladen mit Kürbis und Amaretti

400 g Muskatkürbis, geschält und entkernt
je 1 rote und gelbe Paprika, halbiert und entkernt
1 Zwiebel, geschält
2 EL Butter
1/4 l Gemüsebrühe
1 Prise Zucker
4 EL Weißbrot, gerieben
8 Amaretti
1 Ei
Salz
schwarzer Pfeffer aus der Mühle
1 EL Honig
6 Kalbsschnitzel à 100 g, aus der Oberschale
6 Scheiben Parmaschinken
2 geschälte Schalotten, in kleine Würfel geschnitten
2 Thymianzweige
2 frische Lorbeerblätter

Es ist eine wahre Freude, im Herbst auf den Märkten die aufgetürmten Kürbisse in ihren unterschiedlichen Farben, Formen und Größen zu sehen. Doch sie sehen nicht nur dekorativ aus, sie sind auch in der Küche vielseitig einsetzbar. Ob eingemacht als süßsaures Kürbisgemüse, als kräftige Suppe oder als leckeres Kürbisrisotto – der Phantasie sind keine Grenzen gesetzt.

❶ Muskatkürbis, rote und gelbe Paprika und die Zwiebel in kleine Würfel schneiden. 1 EL Butter erhitzen und die Zwiebelwürfel glasig dünsten. Den Kürbis dazugeben und weitere 5 Minuten bei schwacher Hitze garen. Dann unter ständigem Begießen mit der Gemüsebrühe bei schwacher Temperatur weich kochen. Die Flüssigkeit sollte vollständig verkocht sein.

❷ Paprika in der restlichen aufgeschäumten Butter andünsten und mit Zucker glasieren. Ausgekühltes Kürbisgemüse mit den Paprikawürfeln, Weißbrot, zerdrückten Amaretti und dem Ei zu einer homogenen Masse verrühren, mit Salz und Pfeffer würzen und mit Honig verfeinern. Backofen auf 180 °C vorheizen.

❸ Kalbsschnitzel mit einem Fleischklopfer dünn klopfen, mit Salz und Pfeffer würzen und mit den Parmaschinkenscheiben belegen. Mit der Kürbismasse bestreichen, aufrollen und das Ende mit einem Zahnstocher fixieren. Eine feuerfeste Form mit Butter ausstreichen, die Kalbsröllchen hineingeben und Schalottenwürfel, Thymianzweige und Lorbeerblätter dazugeben. Mit wenig Wasser aufgießen. Im vorgeheizten Backofen etwa 1 Stunde garen. Während des Garens die Kalbsröllchen mehrmals wenden und immer wieder mit dem sich bildenden Bratensaft begießen. Mit Reis oder Salzkartoffeln servieren.

Zutaten für 6–8 Personen

Füllungen

Hier noch ein paar Anregungen, wie Sie die kleinen Fleischröllchen raffiniert und ohne großen Aufwand füllen können:

herzhaft-würzig

Rohe Bratwürste enthäuten und die Masse mit gehackter Petersilie und gebratenen Speckwürfeln verfeinern. Die flach geklopften Kalbsschnitzel damit füllen und schmoren.

mit Geflügelleber

Geflügelleber durch die grobe Scheibe des Fleischwolfs drehen. Trockenes Weißbrot in Würfel schneiden und mit Ei, Leber, gedünsteten Zwiebeln und klein gehackten Salbeiblättern vermengen. Die Kalbsschnitzel damit füllen und schmoren.

mit Spinat

Blanchierten Spinat mit gedünstetem Knoblauch, Zwiebeln, Ei und Ricotta zu einer homogenen Masse vermengen. Geriebenes Weißbrot, frisch geriebenen Parmesan und kleine Würfel gekochten Schinken untermischen. Die Kalbsröllchen damit füllen und schmoren.

Kalbsleber mit Rosinen und Pinienkernen

500 g Kalbsleber, küchenfertig
500 g weiße Zwiebeln
1 EL Olivenöl
1 Thymianzweig
Salz
Zucker
Mehl zum Bestäuben
2 EL Butter
schwarzer Pfeffer aus der Mühle
2 EL Aceto Balsamico
200 ml Kalbsjus
80 g Rosinen, in lauwarmem Wasser eingeweicht
80 g Pinienkerne, geröstet
1 EL glatte Petersilie, gehackt

Als Beilage reicht man in Italien Polenta. Die Kalbsleber schmeckt aber auch mit Kartoffelpüree oder auf einem marinierten Blattsalat mit in Öl gerösteten Brotscheiben.

❶ Kalbsleber und Zwiebeln in dünne Scheiben schneiden. Die Zwiebeln in Olivenöl goldbraun braten, abgezupfte Thymianblätter dazugeben und mit Salz und etwas Zucker würzen. Zwiebeln über einem Sieb abgießen und dabei das Olivenöl auffangen.

❷ Kalbsleberscheiben leicht mit Mehl bestäuben. 1 EL Butter und das aufgefangene Olivenöl in einer beschichteten Pfanne erhitzen und die Leberscheiben darin auf beiden Seiten scharf anbraten. Mit Salz und Pfeffer würzen, mit Essig ablöschen und mit Kalbsjus aufgießen. Zwiebelscheiben hinzufügen und etwas einkochen lassen. Zum Schluss die abgetropften Rosinen und Pinienkerne untermischen und mit Petersilie verfeinern. Sofort servieren.

Zutaten für 2 Personen

Ossobuco alla milanese Kalbsbeinscheiben mit Gremolata

Wichtig für ein göttliches Ossobuco ist vor allem Geduld und sanftes Garen. Nur so können sich alle Aromen voll entfalten. Die würzige Gremolatabutter verleiht den Beinscheiben einen frischen Akzent.

❶ Karotten, Staudensellerie und Zwiebeln in 1/2 cm große Würfel schneiden, Knoblauch fein hacken. Kalbsbeinscheiben mit Küchengarn rund binden. Leicht mit Mehl bestäuben, salzen und pfeffern und in einem Bräter in erhitztem Olivenöl von beiden Seiten goldbraun anbraten. Den Backofen auf 170 °C vorheizen.

❷ Dann das Fleisch wieder herausnehmen, Butter sowie das klein geschnittene Gemüse, Knoblauch und Tomatenmark in den Bratenfond geben und etwa 5 Minuten anschwitzen. Mit Weißwein ablöschen, die Beinscheiben wieder dazugeben und im vorgeheizten Backofen zugedeckt etwa 2 1/2 Stunden schmoren.

❸ Fleischtomaten von den Stängelansätzen befreien, kreuzweise einschneiden, in kochendem Wasser kurz blanchieren, eiskalt abschrecken, häuten, vierteln und entkernen. Tomaten, Thymian und Lorbeerblatt nach 30 Minuten Schmorzeit zu den Kalbsbeinscheiben geben und mit Kalbsfond aufgießen. Beinscheiben während der Garzeit immer wieder mit Fond und dem Gemüse begießen.

❹ Für die Gremolata alle Zutaten mit der Butter fein hacken und mit Salz und Pfeffer würzen. Soße mit Salz und Pfeffer abschmecken, Beinscheiben auf Tellern anrichten und die Gremolatabutter darauf verteilen. Die klassische Beilage ist Safranrisotto.

Zutaten für 4 Personen

3 Karotten, geschält
4 Stangen Staudensellerie
2 Zwiebeln, geschält
3 Knoblauchzehen, geschält
4 Kalbsbeinscheiben à 400 g
Mehl zum Bestäuben
Salz
schwarzer Pfeffer aus der Mühle
3 EL Olivenöl
1 EL Butter
1 EL Tomatenmark
1/4 l trockener Weißwein
4 reife Fleischtomaten
2 Thymianzweige
1 Lorbeerblatt
1/2 l Kalbsfond

Für die Gremolata:
je 1/2 TL abgeriebene Zitronen- und Orangenschale
1/2 TL Kümmel
2 Knoblauchzehen, geschält
1 EL glatte Petersilienblätter
1 TL Majoranblätter
2 EL Butter

Kleine Kalbsschnitzel mit Steinpilzen und Thymian

Kein Pilzsammler verät gerne, wo er seine wohlschmeckenden Steinpilze findet. Pilze sammeln ist eine Leidenschaft. Hat man erst einen entdeckt, kann man nicht mehr damit aufhören. Wichtig für Sammler ist, dass sie die Steinpilze mit einem Messer vorsichtig abschneiden, nur so kann dort wieder ein neuer Pilz wachsen.

❶ Kalbsfilet in 12 Scheiben teilen und 1 EL heißer Butter von beiden Seiten etwa 3 Minuten anbraten. Kalbsscheiben aus der Pfanne nehmen, mit Alufolie umhüllen und warm stellen. Die Hälfte der Schalotten und abgezupfte Thymianblätter in die Pfanne geben und kurz anbraten. Mit Kalbsjus aufgießen und 5 Minuten leise köcheln lassen.

❷ 1 EL Butter in einer zweiten Pfanne erhitzen und die Steinpilze darin 4 Minuten rundherum anbraten. Restliche Zwiebeln dazugeben und mit Salz, Pfeffer und etwas Muskat würzen. Kurz vor dem Servieren mit Petersilie verfeinern.

❸ Die Kalbsscheiben mitsamt dem entstandenen Bratensaft wieder in die Soße geben, salzen und pfeffern und mit den Steinpilzen und Ofenkartoffeln servieren.

Zutaten für 4 Personen

600 g Kalbsfilet am Stück
1 EL Butter
2 Schalotten, geschält und in Würfel geschnitten
2 Thymianzweige
1/4 l Kalbsjus
4 mittelgroße Steinpilze, geputzt und geviertelt
Salz
schwarzer Pfeffer aus der Mühle
frisch geriebene Muskatnuss
1 EL glatte Petersilie, fein gehackt

Saltimbocca alla Romana Kalbsschnitzel mit Schinken und Salbei

❶ Kalbsschnitzel mit einem Plattiereisen oder der glatten Seite eines Fleischklopfers flach klopfen und mit Salz und Pfeffer würzen. Kalbsschnitzel mit Parmaschinken belegen, und je ein Salbeiblatt mit einem Holzspießchen am Fleisch feststecken. Die Kalbsschnitzel in 1 EL heißer Butter von beiden Seiten 3 Minuten braten, herausnehmen und warm stellen.

❷ Bratensatz mit Weißwein ablöschen, Kalbsfond hinzufügen und sämig einkochen lassen. 2 EL kalte Butter in die heiße Soße rühren. Noch einmal mit Salz und Pfeffer würzen und die Fleischscheiben in die Soße geben. Kurz durchschwenken und mit Weißbrot servieren.

Zutaten für 4 Personen

8 dünne Scheiben Kalbsschnitzel à 70 g
Salz
schwarzer Pfeffer aus der Mühle
8 Scheiben Parmaschinken, dünn geschnitten
8 große Salbeiblätter
3 EL Butter
1/8 l trockener Weißwein
1/8 l Kalbsfond

Gespickte Kalbsleber mit Speck und Rosmarin

❶ Speck in 1/2 cm breite und 2 cm lange Streifen schneiden. Die Streifen mit Hilfe einer Spicknadel im Abstand von etwa 4 cm durch die Kalbsleberscheiben ziehen.

❷ Schalotten in Ringe und Knoblauch in Scheiben schneiden. Leberscheiben leicht mit Mehl bestäuben und in heißer Butter von beiden Seiten etwa 4 Minuten braten. Schalotten und Rosmarin dazugeben und kurz mitanbraten. Die Leber aus der Pfanne nehmen und den Bratensatz mit Kalbsfond ablöschen. 5 Minuten leise köcheln lassen. Leberscheiben mit Salz und Pfeffer würzen und wieder in die Soße geben, kurz durchschwenken und mit Kartoffelpüree servieren.

Zutaten für 4 Personen

200 g durchwachsener Bauchspeck
8 Kalbsleberscheiben à 80 g
3 Schalotten, geschält
1 Knoblauchzehe, geschält
Mehl zum Bestäuben
2 EL Butter
2 Rosmarinzweige
1/4 l Kalbsfond
Salz
schwarzer Pfeffer aus der Mühle

Geschmortes Kaninchen mit Tomaten und Artischocken

Anstelle von Artischocken kann man auch Fenchel mitschmoren. Wahre Genießer schmoren das Fleisch eigentlich nur mit, weil dann das Gemüse und vor allem der Knoblauch noch aromatischer schmecken.

❶ Kaninchen am besten schon vom Metzger in Stücke teilen lassen. Mit Salz und Pfeffer würzen.

❷ Die holzigen und harten äußeren Blätter der Artischocken entfernen. Die übrigen Blätter von den Spitzen befreien. Das Innere – »Heu« genannt – mit einem Löffel oder einem Kugelausstecher herauslösen. Artischocken halbieren und sofort in kaltes Zitronenwasser legen.

❸ Tomaten von den Stängelansätzen befreien und der Länge nach vierteln. Karotten und Staudensellerie in etwa 5 cm lange Stücke schneiden. Zwiebeln grob würfeln. Backofen auf 170 °C vorheizen.

❹ Bräter mit weicher Butter ausstreichen. Kaninchen, Gemüse, Zwiebeln, Knoblauch und Kräuterzweige gleichmäßig darin verteilen und im vorgeheizten Backofen etwa 1 1/2 Stunden garen. Nach und nach mit etwas Wasser begießen. Die Kaninchenstücke gelegentlich wenden und mit dem entstandenen Bratensaft begießen. Das Fleisch bleibt dadurch saftig und trocknet nicht aus. Am besten gleich im Bräter mit Ofenkartoffeln servieren.

Zutaten für 4 Personen

1 küchenfertiges Kaninchen von etwa 1,6 kg
Salz
schwarzer Pfeffer aus der Mühle
4 Distelartischocken
1 Zitrone
2 Eiertomaten
2 Karotten, geschält
1 Stange Staudensellerie
2 Zwiebeln, geschält
1 EL Butter
6 Knoblauchzehen, in der Schale angedrückt
2 Thymianzweige
1 Rosmarinzweig

Gefüllte Perlhuhnbrust mit Traubensoße

4 Perlhuhnbrüste
4 Scheiben Toastbrot, in Würfel geschnitten
3 EL Pinienkerne
4 EL Butter
1 geschälte Zwiebel, in feine Würfel geschnitten
2 Minzezweige
1 Ei
1 Eigelb
Salz
schwarzer Pfeffer aus der Mühle
frisch geriebene Muskatnuss

Für die Traubensoße:
200 g weiße Trauben
2 EL Zucker
50 ml weißer Portwein
200 ml Geflügelfond
1 TL Stärke
1 EL kalte Butter, in kleine Würfel geschnitten

❶ Perlhuhnbrüste waschen und mit einem Küchentuch trocken tupfen. Toastbrot entrinden und in kleine Würfel schneiden. Pinienkerne in einer Pfanne ohne Fett goldbraun rösten, etwas abkühlen lassen und grob hacken.

❷ Toastbrotwürfel in 1 EL Butter goldbraun rösten. 2 EL weiche Butter mit einem Handrührgerät schaumig schlagen. Zwiebeln in einer beschichteten Pfanne in etwas Butter glasig dünsten und abkühlen lassen. Abgezupfte Minzeblätter grob hacken und mit den Pinienkernen, Zwiebeln, Ei und Eigelb unter die Brotmasse rühren. Mit Salz, Pfeffer und etwas Muskat würzen.

❸ Brotmasse in einen Spritzbeutel mit großer Lochtülle füllen und die Perlhuhnbrüste unter der Haut damit füllen. Nicht zu prall füllen, damit die Haut beim Braten nicht platzt.

❹ Die Trauben halbieren, enthäuten und von den Kernen befreien. Zucker hell karamellisieren lassen. Die Weintrauben dazugeben und mit Portwein ablöschen. Die Flüssigkeit vollständig einkochen lassen, dann mit Geflügelfond aufgießen und weitere 5 Minuten köcheln lassen. Die Speisestärke mit etwas Wasser verrühren und die kochende Traubensoße damit binden. Backofen auf 180 °C vorheizen.

❺ Perlhuhnbrüste mit Salz und Pfeffer würzen. Restliche Butter in einer beschichteten Pfanne erhitzen und die Brüste auf der Hautseite kurz anbraten. Im vorgeheizten Backofen etwa 12 Minuten braten lassen, dabei immer wieder mit dem sich bildenden Bratensaft begießen. Traubensoße erhitzen und mit kalter Butter in kleinen Flöckchen verfeinern. Die Perlhuhnbrust aufschneiden und mit der Traubensoße und frischem Weißbrot servieren.

Zutaten für 4 Personen

Wachteln mit Knoblauch und Rosmarin

❶ Wachteln waschen und und mit einem Küchentuch trocken tupfen. Innen und außen mit Salz und Pfeffer würzen. Den Backofen auf 200 °C vorheizen.

❷ Knoblauch in der Schale andrücken und zusammen mit Rosmarin, Lorbeerblättern und den Wachteln in einen mit Butter ausgestrichenen Bräter geben.

❸ Im vorgeheizten Backofen etwa 20 Minuten braten. Die Wachteln dabei immer wieder mit dem entstandenen Bratensaft übergießen. Die Wachteln bekommen so eine knusprige Haut und das Fleisch bleibt saftig.

❹ Die Wachteln aus dem Bräter nehmen und warm stellen. Den Bratensatz mit Portwein und Geflügelfond ablöschen und sämig einköcheln lassen. Restliche kalte Butter unterrühren und mit Salz und Pfeffer würzen. Die Wachteln mit Ofenkartoffeln und Geflügelsoße servieren.

Die mitgeschmorten Knoblauchzehen lassen sich mühelos aus der Schale drücken und schmecken unwiderstehlich lecker.

Zusätzlich kann man die Wachteln auch mit marinierten Armagnacpflaumen füllen. Die Fruchtsüße harmoniert wunderbar mit frischem Rosmarin und Knoblauch. Bei großem Appetit die Menge der Wachteln einfach verdoppeln.

Zutaten für 4 Personen

4 fleischige küchenfertige Wachteln
8 Knoblauchzehen
1 Rosmarinzweig
2 kleine frische Lorbeerblätter
50 ml Portwein
100 ml Geflügelfond
30 g Butter
Salz
weißer Pfeffer aus der Mühle

Masthuhnbrust mit Feigen und Honig

4 Hähnchenbrüste, ausgelöst
Salz
schwarzer Pfeffer aus der Mühle
2 EL Butter
2 Thymianzweige
4 frische Feigen
1 EL Waldhonig
4 cl Calvados
1/4 l Hühnerbrühe
200 g Sahne

Feigen eignen sich nicht nur für Süßspeisen – auch in der herzhaften Küche finden sie immer mehr Liebhaber. Mit Geflügel harmonieren die aromatischen und gesunden Früchte besonders gut.

❶ Backofen auf 180 °C vorheizen. Hähnchenbrüste mit Salz und Pfeffer würzen. Die Hälfte der Butter erhitzen und die Brüste auf der Hautseite anbraten. Im vorgeheizten Backofen 15 Minuten garen. Dabei immer wieder mit Bratensaft begießen. Nach 5 Minuten Garzeit 1 Thymianzweig dazugeben.

❷ Feigen halbieren und in der restlichen Butter anschwitzen. Mit Honig beträufeln und glasieren.

❸ Hähnchenbrüste aus der Pfanne nehmen, mit Alufolie umhüllen und im ausgeschalteten Backofen warm halten.

❹ Den Bratensatz mit Calvados ablöschen, mit Brühe aufgießen und etwa 5 Minuten köcheln lassen. Die Sahne unterrühren und sämig einkochen lassen. Mit den restlichen abgezupften Thymianblättern verfeinern und mit Salz und Pfeffer würzen.

❺ Hähnchenbrust mit glasierten Feigen und Calvadossoße auf Tellern anrichten und mit gekochtem Reis servieren.

Zutaten für 4 Personen

Kalbsschwanzragout mit Polenta

2 Kalbsschwänze à 400 g
Salz
schwarzer Pfeffer aus der Mühle
2 EL Butter
1 Zwiebel, geschält
1 Knoblauchzehe, geschält
1 Karotte, geschält
1 Petersilienwurzel, geschält
1/2 l Brühe
1/2 unbehandelte Zitrone
1 Thymianzweig

Für die Polenta:
ca. 1/2 l Wasser
2 EL Olivenöl
150 g Polentagrieß
Salz

So natürlich wie möglich wird bei diesem Rezept der zarte Kalbsschwanz zubereitet. Zitronenschale, Knoblauch und frischer Thymian geben dem Gericht eine mediterrane Note. Eine passende Beilage ist Polenta oder einfach nur frisches Weißbrot.

❶ Kalbsschwänze am besten gleich vom Metzger in portionsgerechte Stücke teilen lassen.

❷ Kalbsschwanzstücke mit Salz und Pfeffer würzen. Die Butter erhitzen und die Fleischstücke darin von allen Seiten anrösten. Zwiebeln, Knoblauch, Karotte und Petersilienwurzel in kleine Würfel schneiden und zum Kalbsschwanz geben. Weitere 5 Minuten miteinander anschwitzen, dann mit etwas Brühe ablöschen. Den Backofen auf 180 °C vorheizen.

❸ Ein Stückchen Zitronenschale mit einem Messer oder einem Kartoffelschäler abziehen und mit dem Thymian zur Brühe geben.

❹ Den Kalbsschwanz zugedeckt im vorgeheizten Backofen etwa 2 1/2 Stunden garen. Dabei immer wieder mit Brühe begießen.

❺ Für die Polenta Wasser mit Olivenöl erhitzen und nach und nach den Polentagrieß einrühren. Etwa 40 Minuten bei schwacher Hitze unter Rühren quellen lassen. Mit Salz würzen.

❻ Die Zitronenhälfte auspressen und das Ragout damit abschmecken. Falls nötig mit Salz und Pfeffer würzen, dann mit Polenta servieren.

Zutaten für 4 Personen

Wildschweinkeule mit Maroni-Walnuss-Kruste

Kaufen Sie gleich mehr Maroni: Sie schmecken auch solo – heiß geröstet – an kalten Wintertagen mit einem vollmundigen Glas Rotwein.

❶ Backofen auf 180 °C vorheizen. Wildschweinkeule mit Salz und Pfeffer würzen. Das Öl in einem Bräter erhitzen und das Fleisch darin rundherum kräftig anbraten. Klein geschnittenes Gemüse, Zwiebeln und Knoblauch dazugeben und im vorgeheizten Backofen etwa 2 1/2 Stunden braten.

❷ Nach 30 Minuten das Tomatenmark dazugeben, kurz mitanrösten und mit etwas Rotwein ablöschen. Diesen Vorgang zweimal wiederholen. Dann nach und nach mit Wildfond begießen.

❸ Lorbeerblätter, Pfeffer- und Pimentkörner sowie Wacholderbeeren in einem Mörser fein zerstossen und unter die Soße rühren. Die Keule immer wieder mit dem Bratenfond begießen.

❹ Maroni kreuzförmig einschneiden, auf ein Backblech legen und im Ofen backen, bis die Schale aufplatzt. Etwas abkühlen lassen, dann schälen. Maroni und Walnüsse in einer Küchenmaschine grob zerkleinern. Mit geriebenem Weißbrot, flüssiger Butter und Honig vermengen, mit Zimt und Nelkenpulver würzen.

❺ Etwa 30 Minuten vor Ende der Garzeit die Maronenkruste auf der Wildschweinkeule verteilen und mitbacken. Die Soße mit dem fein zerdrückten Gemüse binden und mit Salz und Pfeffer würzen. Als Beilage eignen sich Gnocchi oder gebratene Kartoffelplätzchen.

Zutaten für 4 Personen

1 kg Wildschweinkeule, ausgelöst
Salz
schwarzer Pfeffer aus der Mühle
2 EL Öl
1 Karotte, geschält
1/4 Knollensellerie, geschält
2 Zwiebeln, geschält
2 Knoblauchzehen
1 EL Tomatenmark
1/4 l Rotwein
1/2 l Wildfond
2 Lorbeerblätter
5 schwarze Pfefferkörner
4 Pimentkörner
5 Wacholderbeeren
80 g geriebenes Weißbrot
12 Maroni (italienische Esskastanien)
2 EL Walnusskerne
50 g Butter
2 EL Honig
1 Msp Zimt
1 Msp Nelkenpulver

Piccata milanese Kalbsschnitzel in Käseteig mit Tomatensoße

1/2 l Tomatensugo (siehe Seite 44)
400 g Kalbschnitzel (aus der Oberschale)
Salz
schwarzer Pfeffer aus der Mühle
4 Eier
100 g Parmesan, gerieben
4 EL Mehl
Butterschmalz zum Braten
einige Blätter Basilikum

Nicht nur Kinder lieben die italienische Version eines Wiener Schnitzels. Anstelle von Kalbfleisch kann man auch Putenfleisch nehmen.

❶ Tomatensoße nach dem Rezept auf Seite 44 zubereiten.

❷ Kalbsschnitzel halbieren und mit Salz und Pfeffer würzen. Eier in einem Suppenteller aufschlagen, mit einer Gabel verquirlen, Parmesan und Mehl ebenfalls in zwei tiefen Tellern verteilen. Kalbsschnitzel zuerst in Mehl, dann in Ei und zum Schluss in Parmesan wenden. Die Panade leicht festdrücken.

❸ 2 EL Butterschmalz in einer beschichteten Pfanne erhitzen und die Kalbsschnitzel darin von beiden Seiten bei schwacher Hitze goldbraun braten. Aus der Pfanne nehmen und auf Küchenpapier abtropfen lassen.

❹ Tomatensoße mit klein gezupften Basilikumblättern verfeinern und auf Tellern zu den gebratenen Kalbsschnitzeln anrichten. Klassische Beilage zur Piccata milanese sind Spaghetti.

Variante für die Zubereitung von Käseteig:

3 Eier, 4 EL geriebener Parmesan und 2 EL Mehl miteinander vermengen und mit Salz und Pfeffer würzen. Gewürzte Schnitzel durch den Teig ziehen und in heißem Butterschmalz von beiden Seiten goldbraun braten

Zutaten für 4 Personen

Tagliata
Entrecôte auf weißem Bohnensalat mit Rucola

Die Kombination aus gegrilltem Fleisch, fast verkochten Bohnen, Rucola und Olivenöl ist für Genießer einfach unwiderstehlich. Dazu ein Glas Chianti, knuspriges Ciabattabrot – was will man mehr! Tagliata kann als Vorspeise oder auch als Hauptgericht serviert werden.

❶ Weiße Bohnen in reichlich handwarmem Wasser am besten über Nacht einweichen. Dann auf einem Sieb abtropfen lassen und in 1 EL erhitztem Olivenöl kurz anbraten. Mit Wasser aufgießen, Thymian und Lorbeer einlegen und die Bohnen bei schwacher Hitze weich kochen.

❷ Die gegarten Bohnen über einem Sieb abgießen und mit 5 EL Olivenöl und Aceto Balsamico marinieren. Mit Salz, Zucker und Pfeffer würzen und mit gehackten Walnüssen verfeinern.

❸ Die Entrecôte mit Salz und Pfeffer würzen und in einer Grillpfanne von beiden Seiten je nach gewünschter Garstufe 6 bis 8 Minuten braten. Aus der Pfanne nehmen, in Alufolie wickeln und 5 Minuten ruhen lassen.

❹ Bohnensalat mit geputzten, gewaschenen und gut abgetropften Rucolablättern vermengen und auf Tellern anrichten.

❺ Fleisch aus der Alufolie nehmen und mit einem scharfen Messer in dünne Scheiben schneiden, portionsweise auf den vorbereiteten Tellern verteilen und mit dem ausgetretenen Bratensaft beträufeln. Je nach Geschmack mit grobem Pfeffer bestreuen. Ein Zitronenschnitz verleiht der Tagliata eine besonders frische Note.

Zutaten für 6 Personen

2 Entrecôte à 400 g
150 g weiße Bohnen, getrocknet
6 EL Olivenöl
1,6 l Wasser
2 Thymianzweige
1 Lorbeerblatt
1 Bund Rucola
2 EL Aceto Balsamico
Salz
1 Prise Zucker
schwarzer Pfeffer aus der Mühle
2 EL Walnüsse, fein gehackt

Gefülltes Zicklein mit Brennesseln und Kartoffeln

1 Zickleinkeule
200 g Fetakäse
1 Eigelb
2 EL Frischkäse
2 EL geriebenes Weißbrot
2 EL Pinienkerne, geröstet
2 Knoblauchzehen, fein gehackt
1 kleiner Bund frische Brennesseln
1/2 Bund Petersilie
Salz
schwarzer Pfeffer aus der Mühle
2 Karotten, geschält
1 Zwiebel, geschält
500 g kleine fest kochende Kartoffeln
2 EL Olivenöl
6 Knoblauchzehen in der Schale, angedrückt
1 TL Tomatenmark
1/4 l Rotwein
1/2 l Geflügelfond

❶ Zickleinkeule am besten vom Metzger entbeinen und die Knochen in walnussgroße Stücke hacken lassen.

❷ Fetakäse in kleine Würfel schneiden. Eigelb, Frischkäse und geriebenes Weißbrot dazugeben und gründlich miteinander verrühren. Pinienkerne, gehackte Knoblauchzehen und fein gehackte Brennessel und Petersilie einarbeiten. Mit Salz und Pfeffer würzen.

❸ Zickleinkeule innen und außen mit Salz und Pfeffer würzen und mit der Käsemasse füllen. Die Öffnung mit Küchengarn locker verschließen, aber nicht zu fest zusammenziehen, damit die Füllung beim Garen nicht herausquillt. Den Backofen auf 180 °C vorheizen.

❹ Karotten und Zwiebeln in grobe Stücke schneiden. Kartoffeln schälen. Den Bräter mit Olivenöl auspinseln und Karotten, Zwiebeln, klein gehackte Knochen, Kartoffeln und Knoblauchzehen gleichmäßig darin verteilen. Die Keule darauf setzen und im vorgeheizten Backofen etwa 2 1/2 Stunden garen. Dabei immer wieder mit dem sich bildenden Bratensaft übergießen.

❺ Nach 45 Minuten Garzeit das Tomatenmark dazugeben, kurz mitrösten und mit etwas Rotwein ablöschen. Die Flüssigkeit vollständig einkochen lassen und diesen Vorgang noch zweimal wiederholen. Mit Geflügelfond begießen und fertig garen.

❻ Die Zickleinkeule aus dem Bräter nehmen und kurz ruhen lassen. Knochen aus der Soße nehmen und Soße mit Salz und Pfeffer würzen. Die Keule in Scheiben schneiden und mit Kartoffeln, Gemüse und der Soße servieren.

Zutaten für 6 Personen

Gebratener Lammrücken im Speckmantel mit Lauch und Trüffeln

Für Trüffelliebhabel ist dieser Lammrücken ein kulinarisches Highlight. Kein Gericht für jeden Tag, aber einmal im Jahr sollte man sich diesen Luxus gönnen.

❶ Lammrücken mit Salz und Pfeffer würzen. Einige Rosmarinnadeln und abgezupfte Thymianblätter fein hacken und den Lammrücken damit bestreuen. Den Rücken gleichmäßig mit den Speckscheiben umwickeln. Den Backofen auf 180 °C vorheizen.

❷ Lauchstangen putzen, halbieren und gründlich waschen. Die harten, dunkelgrünen Blattenden entfernen. Den hellen Teil in etwa 6 cm lange Stücke teilen und in kochendem Salzwasser 5 Minuten blanchieren. Abgießen und mit eiskaltem Wasser abschrecken.

❸ Lammrücken in einer beschichteten Pfanne bei mittlerer Hitze in Olivenöl und 1 EL Butter rundherum anbraten. Restlichen Rosmarinzweig und die angedrückten Knoblauchzehen zugeben und im vorgeheizten Backofen etwa 20 Minuten weiterbraten. Dabei immer wieder mit dem sich bildenden Bratensaft begießen.

❹ Lauch in der restlichen Butter anbraten, mit Gemüsebrühe begießen und 5 Minuten köcheln lassen. Mit Salz, Pfeffer und Muskat würzen. Den Lammrücken auf dem Lauch anrichten. Die Trüffel hauchdünn mit einem Trüffelhobel darüber hobeln. Mit knusprigem Weißbrot genießen.

Zutaten für 4 Personen

1 kg Milchlammrücken, pariert (Knochen vom Metzger frei legen lassen)
Salz
schwarzer Pfeffer aus der Mühle
2 Rosmarinzweige
1 Thymianzweige
200 g Frühstücksspeck, in dünne Scheiben geschnitten
2 Stangen Lauch
1 EL Olivenöl
1 EL Butter
2 Knoblauchzehen, in der Schale angedrückt
frisch gemahlene Muskatnuss
1 weiße Trüffel (30 g), geputzt

Gebratene Lammkoteletts mit Tomaten und Rosmarinöl

8 doppelte Lammkoteletts
2 Rosmarinzweige
2 Knoblauchzehen, geschält
6 EL Olivenöl
4 Tomaten
Salz
schwarzer Pfeffer aus der Mühle
1 Prise Zucker
einige glatte Petersilienzweige

Ein ganz einfaches Gericht, aber unglaublich köstlich!

❶ Die Lammkoteletts waschen und trockentupfen und am besten über Nacht mit einigen Romarinnadeln, fein gehacktem Knoblauch und 4 EL Olivenöl marinieren. Mit Klarsichtfolie bedecken und kühl stellen.

❷ Tomaten von den Stängelansätzen befreien und kreuzförmig einschneiden. In kochendem Wasser 2 Minuten blanchieren, eiskalt abschrecken, häuten, vierteln, entkernen und in kleine Würfel schneiden.

❸ 2 EL Öl von der Marinade in einer Grillpfanne erhitzen. Die Lammkoteletts mit Salz und Pfeffer würzen und von beiden Seiten etwa 3 Minuten braten, restlichen Rosmarinzweig ebenfalls mitbraten.

❹ Tomatenwürfel in 2 EL Olivenöl anschwitzen und mit Salz, Pfeffer und einer Prise Zucker würzen. Abgezupfte Petersilienblätter grob hacken und die Tomaten damit verfeinern.

❺ Gebratene Lammkoteletts mit Tomatenragout und frischem Weißbrot servieren.

Sehr gut passt dazu auch Zucchini-Tomaten-Gemüse: Dazu einen mittelgroßen Zucchino und 4 Tomaten in Scheiben schneiden und in eine geölte Auflaufform setzen. Mit Knoblauch, Rosmarin und grobem Salz würzen, mit etwas Olivenöl beträufelt im Backofen bei 180 °C etwa 30 Minuten garen.

Zutaten für 4 Personen

Trippa alla parmigiana Kutteln in Tomatensoße und Parmesan

Sicher nicht jedermanns Sache, aber für viele Gourmets eine echte Delikatesse. Kutteln unbedingt beim Metzger Ihres Vertrauens rechtzeitig bestellen. Sie schmecken nämlich nur schlachtfrisch so lecker.

700 g Kutteln (vom Metzger gesäubert)
2 Zwiebeln, geschält
2 Knoblauchzehen, geschält
2 EL Olivenöl
200 ml Weißwein
1/4 l Tomatensugo (siehe Seite 44)
1 Rosmarinzweig
2 Thymianzweige
Salz
schwarzer Pfeffer aus der Mühle
Cayennepfeffer
frisch geriebener Parmesan

❶ Kutteln in etwa 5 cm lange und 1/2 cm breite Streifen schneiden. Zwiebel in kleine Würfel schneiden. Knoblauch fein hacken.

❷ 2 EL Olivenöl erhitzen, Zwiebeln und Knoblauch darin glasig braten, dann die Kutteln hinzufügen und weitere 5 Minuten unter ständigem Rühren bei geringer Hitze mitanbraten.

❸ Mit Weißwein ablöschen und mit der Tomatensoße aufgießen. Kutteln zugedeckt etwa 45 Minuten köcheln lassen. Dabei gelegentlich umrühren und nach der Hälfte der Garzeit die Kräuter einlegen. Mit Salz, Pfeffer und Cayennepfeffer würzen.

❹ Kutteln in tiefen Tellern servieren und mit Parmesan bestreuen. Einige Tropfen gutes Olivenöl und frisch gemahlener schwarzer Pfeffer geben den Kutteln noch den letzten Pfiff. Mit italienischem Weißbrot oder mit Salzkartoffeln servieren.

Zutaten für 4 Personen

Spezzatino di vitello Kalbsragout mit Zucchini und Pilzen

800 g Kalbsschulter
3 Zwiebeln
2 Stangen Staudensellerie
1 Karotte, geschält
2 Knoblauchzehen, geschält
400 g vorwiegend fest kochende Kartoffeln
Salz
schwarzer Pfeffer aus der Mühle
Cayennepfeffer
6 EL Olivenöl
1/4 l Weißwein
1/4 l Kalbsfond
2 Thymianzweige
4 Tomaten
100 g kleine Champignons
80 g Pfifferlinge
1 Zucchino
1 Schalotte, geschält
einige glatte Petersilienzweige
1 Peperoncino, getrocknet

❶ Kalbsschulter in 1 cm große Würfel schneiden. Zwiebeln, Sellerie und Karotten in kleine Würfel schneiden. Knoblauch fein hacken. Kartoffeln schälen und ebenfalls in kleine Würfel schneiden.

❷ Kalbfleisch mit Salz, Pfeffer und einer Prise Cayennepfeffer würzen. In einem Schmortopf 4 EL Olivenöl erhitzen und die Fleischwürfel darin goldbraun braten. Zwiebeln, Sellerie, Karotten, Knoblauch und Kartoffeln dazugeben und 5 Minuten mitbraten. Mit Weißwein ablöschen, mit Kalbsfond aufgießen und die Thymianzweige einlegen. Zugedeckt bei mittlerer Hitze etwa 40 Minuten köcheln lassen.

❸ In der Zwischenzeit die Tomaten von den Stängelansätzen befreien, kreuzförmig einschneiden, in kochendem Wasser blanchieren, kalt abschrecken, häuten, entkernen und in kleine Würfel schneiden. Nach 30 Minuten Garzeit zum Fleisch geben.

❹ Champignons und Pfifferlinge putzen und mit einem Küchentuch abreiben. Die Pilze je nach Größe halbieren, Zucchino in kleine Würfel schneiden.

❺ Restliche 2 EL Olivenöl in einer Pfanne erhitzen und Zucchiniwürfel, Pilze sowie die in Würfel geschnittene Schalotte nacheinander kurz anbraten. 4 Minuten miteinander bei schwacher Hitze braten. Mit Salz und Pfeffer würzen und mit den abgezupften, fein gehackten Petersilienblättern verfeinern.

❻ Kalbsragout mit Salz, Pfeffer und je nach Geschmack mit zerriebenem Peperoncino pikant abschmecken und mit dem Zucchinigemüse servieren.

Zutaten für 4 Personen

Arrosto di vitello
Kalbsbraten mit Senfsoße und Rosmarinkartoffeln

Für Braten verwendet man am besten marmoriertes Fleisch, da es saftig bleibt. Bevorzugen Sie Fleisch von Hals oder Schulter.

❶ Ausgelösten Kalbshals mit Salz und Pfeffer würzen und mit Senf von beiden Seiten einstreichen. Backofen auf 180 °C vorheizen.

❷ Zwiebel, Karotten und Petersilienwurzel in grobe Stücke teilen. Einen Bräter mit Olivenöl ausstreichen und das Gemüse, die Zwiebeln und die Knoblauchzehen darin verteilen. Den gewürzten Kalbshals darauf setzen und je 1 Thymian- und Rosmarinzweig dazugeben. 1 Tasse Wasser dazugießen und im vorgeheizten Backofen etwa 2 Stunden braten, dabei das Fleisch immer wieder mit Flüssigkeit begießen. Nach 1 Stunde mit Kalbsfond und Weißwein aufgießen.

❸ In der Zwischenzeit die Kartoffeln schälen, in kleine Würfel schneiden und in reichlich kochendem Salzwasser bissfest garen. Über einem Sieb abtropfen und auf einem Küchentuch trocknen lassen.

❹ Kalbsbraten aus der Form nehmen, Soße durch ein Sieb abgießen, aufkochen lassen und mit Salz und Pfeffer würzen. Je nach Geschmack mit etwas kalt angerührter Stärke oder kalter Butter binden.

❺ Restliche Rosmarinnadeln fein hacken, Kartoffeln in heißem Olivenöl goldbraun braten und mit Salz, Pfeffer und Rosmarin würzen.

❻ Kalbsbraten aufschneiden und mit Rosmarinkartoffeln, Gemüse und Bratensoße servieren.

Zutaten für 4 Personen

1 kg Kalbshals, ausgelöst
Salz
schwarzer Pfeffer aus der Mühle
3 EL mittelscharfer Senf
1 Zwiebel, geschält
2 Karotten, geschält
2 Petersilienwurzeln, geschält
6 Knoblauchzehen, in der Schale angedrückt
2 Thymianzweige
2 Rosmarinzweige
1/2 l Kalbsfond
1/4 l Weißwein
500 g Kartoffeln
Olivenöl zum Braten

Gebratene Wachteln am Spieß mit Lorbeerblättern und Speck

Ein wirklich köstlicher Gaumenschmaus, den man am besten in vertrauter Runde genießen sollte – denn Wachteln schmecken am besten ohne Messer und Gabel …

❶ Wachteln mit kaltem Wasser ausspülen und mit Küchenpapier trocken tupfen.

❷ Baguette in 6 Scheiben von etwa 2 cm Stärke schneiden. Bauchspeck von Knorpel und Schwarte befreien und quer in fingerdicke Scheiben schneiden. Backofen auf 190 °C vorheizen.

❸ Wachteln von innen und außen mit Salz und Pfeffer würzen. Den Bauch der Wachteln mit frischem Rosmarin und Petersilie füllen.

❹ Speck, Lorbeerblätter, Brotscheiben und Wachteln nacheinander auf 2 lange Holzstäbe aufspießen.

❺ Olivenöl und 1 EL Butter in einer Pfanne erhitzen und die Wachtelspieße darin von allen Seiten anbraten. Im vorgeheizten Backofen etwa 15 Minuten fertig garen. Die Wachteln dabei immer wieder mit dem sich bildenden Bratensaft begießen.

❻ Wachteln aus dem Ofen nehmen und in Alufolie wickeln. Bratensatz mit der Geflügel- oder Kalbssoße ablöschen, aufkochen lassen und mit den übrigen 2 EL kalter Butter binden. Mit Salz, Pfeffer und fein geriebenen Wacholderbeeren würzen. Wachteln bei starker Oberhitze 2 Minuten grillen und mit der Wacholdersoße servieren.

Zutaten für 4 Personen

4 fleischige, küchenfertige Wachteln
1/2 Baguette
150 g durchwachsener Bauchspeck
Salz
schwarzer Pfeffer aus der Mühle
1 Rosmarinzweig
einige glatte Petersilienzweige
1/2 Bund frischer Lorbeer
1 EL Olivenöl
3 EL Butter
1/4 l braune Geflügel- oder Kalbssoße
3 Wacholderbeeren

12. Desserts

Frische Feigen mit Zabaione und Amaretti

4 frische Feigen
4 EL Zucker
100 ml Portwein
1 TL Butter
2 kleine frische Lorbeerblätter
2 EL Honig
100 ml Vin Santo
1 Msp Zimt
2 Eigelbe
12 Amaretti

Wer Feigen getrocknet schätzt, sollte sie unbedingt auch mal frisch genießen. Diese herrlichen Früchte werden zweimal im Jahr geerntet: Im Früh- und im Spätsommer bekommt man sie frisch auf dem Markt.

❶ Feigen über Kreuz einschneiden und etwas auseinanderdrücken. 2 EL Zucker in einem Topf hellbraun karamellisieren lassen. Mit Portwein ablöschen und sämig einkochen. Backofen auf 180 °C vorheizen.

❷ Feigen in eine leicht gebutterte Form geben und mit der Portweinreduktion begießen. Die Lorbeerblätter dazugeben, mit Honig beträufeln und im vorgeheizten Ofen etwa 10 Minuten backen.

❸ In der Zwischenzeit Vin Santo, restlichen Zucker, Zimt und Eigelbe miteinander verrühren. Über einem heißen Wasserbad mit einem Schneebesen zu einer weißschaumigen Masse aufschlagen.

❹ Feigen mit Zabaione auf Tellern anrichten und mit grob zerriebenen Amaretti bestreuen.

Zutaten für 4 Personen

Pere al forno Ofengedünstete Birnen mit Aprikosen

Mit welchen Früchten man die Pere al forno kombiniert, bleibt Ihrem persönlichen Geschmack überlassen – hier ein Vorschlag. Dazu passt immer Vanillesoße, Vanille- oder Walnusseis oder einfach nur leicht angeschlagene Sahne.

Zutaten für 4–6 Personen

8 kleine Birnen
1/2 l Weißwein
abgeriebene Schale von je 1/2 unbehandelten Zitrone und Orange
Saft von 1 Orange
1 Zimtstange
2 Nelken
1 Vanilleschote
2 EL brauner Zucker
2 EL Honig
12 Aprikosen, getrocknet
100 g Sahne
1 EL Puderzucker

❶ Die Birnen schälen und dabei einige Streifen Schale stehen lassen – das sieht dekorativ aus, außerdem bleiben wichtige Ballaststoffe und Vitamine der Schale erhalten. Mit einem Apfelausstecher das Kerngehäuse entfernen. Backofen auf 180 °C vorheizen.

❷ Birnen in eine ovale Auflaufform setzen. Weißwein mit Orangen- und Zitronenschale und -saft, Gewürzen und braunem Zucker aufkochen.

❸ Diese Flüssigkeit zu den Birnen geben und im vorgeheizten Backofen etwa 1 Stunde schmoren. Dabei immer wieder mit Flüssigkeit begießen.

❹ 15 Minuten vor Ende der Garzeit die Birnen mit dem Honig einpinseln, die Aprikosen dazugeben und fertig garen.

❺ Die Sahne und 1 EL Puderzucker mit dem Handrührgerät leicht schaumig schlagen. Die Birnen mit den Aprikosen und der Sahne in tiefen Tellern oder Schälchen anrichten.

Panna cotta mit Espresso

Durch den heißen Espresso bekommt die Panna cotta den richtigen Pfiff. Zusätzlich kann man sie noch mit leicht angeschlagener Sahne und Kaffeebohnen verfeinern.

❶ Sahne mit Zucker und Vanilleschote erhitzen und etwa 10 Minuten leise köcheln lassen. In der Zwischenzeit die Gelatine in kaltem Wasser einweichen.

❷ Orangen- und Zitronenschale zur Sahne geben, Vanilleschote entfernen und das Vanillemark in die Sahne schaben. Die gut ausgedrückte Gelatine in der heißen Sahne auflösen.

❸ Panna cotta in kalt ausgespülte Gläser oder Förmchen füllen und zugedeckt 3 bis 4 Stunden in den Kühlschrank stellen.

❹ Panna cotta am besten gleich in den Förmchen servieren. Heißen Kaffee portionsweise darauf verteilen. Noch besser schmeckt die Panna cotta mit einem Klecks angeschlagener Sahne. Der heiße Kaffee vermischt sich wunderbar mit der kalten Creme.

Zutaten für 4 Personen

500 g Sahne
100 g Zucker
1/2 Vanilleschote, aufgeschlitzt
2 Blatt Gelatine
abgeriebene Schale von je 1/2 unbehandelten Orange und Zitrone
80 ml Espresso (etwa 2 Espressi)

Tiramisu

4 Eigelbe
100 g Zucker
500 g Mascarpone
4 cl Cognac oder Brandy
150 ml Espresso (etwa 3 Espressi)
150 g Löffelbiskuits
Kakaopulver zum Bestäuben

Der Klassiker der italienischen Küche ist beliebt bei Alt und Jung. Für Kinder einfach den Alkohol weglassen und den Kaffee durch Trinkschokolade ersetzten. Man kann die Tiramisu auch mit frischen Erdbeeren oder Himbeeren verfeinern.

❶ Eigelbe und Zucker mit dem Handrührgerät weißschaumig aufschlagen. Mascarpone nach und nach einrühren und mit 2 cl Cognac oder Brandy verfeinern.

❷ Espresso abkühlen lassen (wer keine Espressomaschine hat, kann auch lösliches Espressopulver verwenden). Espresso mit restlichem Cognac vermischen.

❸ Die Hälfte der Löffelbiskuits kurz in die Kaffeemischung tauchen und den Boden einer eckigen oder ovalen Auflaufform damit belegen. Mit der Hälfte der Mascarponecreme bestreichen. Den Vorgang wiederholen und mit Mascarponecreme abschließen.

❹ Tiramisu mit Klarsichtfolie bedecken und etwa 6 Stunden – am besten über Nacht – kühl stellen. So kann die Creme richtig durchziehen und ihr volles Aroma entwickeln. Vor dem Servieren mit Kakaopulver bestäuben.

Zutaten für 6–8 Personen

Monte bianco
Maronenpüree mit Sahne und Schokoladensoße

❶ Maroni kreuzförmig einschneiden, auf ein Backblech legen und im Ofen backen, bis die Schale aufplatzt. Etwas abkühlen lassen, dann schälen.

❷ 1/2 l Milch mit 1/2 l Wasser vermischen, die Maroni zugeben und so lange kochen lassen, bis die Maroni weich sind und die Flüssigkeit vollständig verkocht ist.

❸ Die trockenen, weichen Maroni in einer Küchenmaschine fein pürieren. Durch ein Sieb streichen und mit Zitronen- und Orangenschale verfeinern.

❹ Vanillepuddingpulver nach Packungsanleitung kochen, ein wenig auskühlen lassen und unter das Maronenpüree heben. Mit Kirschwasser verfeinern.

❺ Zucker mit etwas Wasser und Kakaopulver aufkochen, gehackte Kuvertüre darin auflösen und wieder abkühlen lassen. Zum Schluss 200 g Sahne unterrühren.

❻ Restliche Sahne und Puderzucker mit dem Handrührgerät halb steif schlagen. Maronenpüree durch die Spätzlepresse drücken und mit der gesüßten Sahne und Schokoladensoße servieren.

Zutaten für 4 Personen

1,8 kg Maroni (italienische Esskastanien)
3/4 l Milch
je 1 Msp abgeriebene unbehandelte Zitronen- und Orangenschale
1/2 Päckchen Vanillepuddingpulver
etwas Kirschwasser
60 g Zucker
1 EL Kakaopulver
100 g Zartbitterkuvertüre
300 g Sahne
1 gehäufter EL Puderzucker

Zuppa Romana

❶ Die Eigelbe mit 40 g Zucker zu einer weißschaumigen Masse aufschlagen. Restlichen Zucker mit 50 g Stärke vermischen. Eiweiße mit Salz steif schlagen, dabei nach und nach unter weiterem Schlagen die Zuckermischung hinzufügen. Backofen auf 210 °C vorheizen.

❷ Mehl und die restliche Stärke miteinander vermischen und sieben. Erst ein Drittel der Eiweißmasse unter die aufgeschlagene Eimasse heben, dann das restliche Eiweiß und die Mehlmischung einarbeiten. Biskuitmasse auf ein mit Backpapier belegtes Backblech streichen und im vorgeheizten Ofen in etwa 10 Minuten goldbraun backen. Etwas Stärke und Zucker vermischen und den Biskuit damit bestreuen. Auf ein Küchentuch stürzen und das Backpapier vorsichtig abziehen.

❸ Für die Creme Gelatine in kaltem Wasser einweichen. 3 EL kalte Milch mit Puddingpulver verrühren, Zucker und Eigelbe ebenfalls einrühren. Restliche Milch aufkochen und Vanillemark und Zitronenschale dazugeben. Angerührtes Puddingpulver in die Milch rühren, aufkochen und unter ständigem Rühren 2 Minuten kochen lassen. Ausgedrückte Gelatine darin auflösen und durch ein Sieb streichen.

❹ Vanillecreme auf einer Schüssel mit Eiswürfeln kalt rühren. Die Sahne steif schlagen, mit etwas kalter Vanillecreme verrühren und unter die restliche Vanillecreme heben. Biskuitboden halbieren und in eine eckige Form setzten. Alle Zutaten zum Tränken miteinander verrühren. Biskuit damit leicht beträufeln. Die Vanillecreme darauf streichen und die abgetropften Kirschen darauf verteilen. Mit Biskuit abdecken, wieder beträufeln und kühl stellen. Sahne vor dem Servieren mit Zucker und Sahnesteif steif schlagen. Den Biskuit damit dick bestreichen und mit kandierten Früchten garnieren.

Zutaten für 6 Personen

Für den Biskuit:
5 Eigelbe
140 g Zucker
6 Eiweiße
80 g Stärke
100 g Mehl
Prise Salz
380 ml Milch
70 g Zucker

Für die Creme:
4 Blatt Gelatine
400 ml Milch
25 g Vanillepuddingpulver
70 g Zucker
4 Eigelbe
Mark von 1/2 Vanilleschote
abgeriebene Schale von 1/2 unbehandelten Zitrone
200 g Sahne
1 kleines Glas Sauerkirschen à 250 g

Zum Tränken:
120 ml Alchermes (italienischer Likör)
50 ml Martini bianco
30 ml Jamaica Rum
50 g Läuterzucker (25 g Zucker mit 25 g Wasser gekocht)
50 ml Sauerkirschsaft
50 ml Amarenakirschsaft

Zum Verzieren:
200 g Sahne
1 EL Zucker
1 Päckchen Sahnesteif
250 kandierte Früchte, klein gehackt

Moscato-Gelee mit Erdbeeren

Saft von je 1 Orange und Zitrone
2 EL Zucker
4 Blatt Gelatine
1/4 l Weißwein, trocken
1/4 l Moscato d'Asti
(Italienischer Süßwein)
250 g Erdbeeren
2 EL Puderzucker
etwas Grand Marnier

Das Gelee ist bestens geeignet für größere Einladungen im Sommer, da man es gut vorbereiten kann und es gut gekühlt so herrlich erfrischt. Es lässt sich beliebig mit Früchten der Saison anreichern, wie Pfirsichen, Aprikosen oder gemischten Waldbeeren.

❶ Orangen- und Zitronensaft mit Zucker aufkochen und sirupartig einkochen lassen. Gelatine in kaltem Wasser einweichen.

❷ Orangen-Zitronen-Sirup mit Weißwein ablöschen und mit 1/8 l Moscato aufgießen. Einmal aufkochen lassen.

❸ Gelatine ausdrücken und in der heißen Flüssigkeit auflösen. Zum Abkühlen in eine Schüssel mit Eiswürfeln stellen.

❹ Erdbeeren putzen, vierteln und mit Puderzucker und einem Schuss Grand Marnier marinieren. Erdbeeren portionsweise in Gläser füllen.

❺ Restlichen Moscatowein unter die zu gelieren beginnende Masse rühren, in Gläser füllen und kühl stellen. Eine Kugel Zitronen- oder Mangosorbet sind das i-Tüpfelchen.

Zutaten für 4 Personen

13. Küchenlexikon

Technische und fremdsprachige Küchenbegriffe

Abschrecken

Besonders Gemüse wird nach dem Garen kurz in eiskaltes Wasser getaucht (abgeschreckt), damit Farbe, Mineralstoffe und Vitamine erhalten bleiben. Das Gargut wird anschließend über einem Sieb abgegossen.

Anschwitzen

Bei nicht zu starker Hitze wird das Gargut mit etwas Fett in einer Pfanne oder Sauteuse angebraten, ohne Farbe nehmen zu lassen.

Backen

Das jeweilige Gargut wird in einer feuerfesten Form oder auf einem Backblech im vorgeheizten Backofen gegart. Das Garen erfolgt durch heiße Luft, entweder in konventionellen Öfen oder in Heißluftherden. Die am häufigsten benutzte Temperatur ist 180° C und ideal für Kuchen, Gebäck, Plätzchen, Braten, Fisch und Geflügel. Zwischen 200° C bis 220°C benötigt man beim Backen von Blätterteig, Soufflés und beim Überbacken von Aufläufen. Geringere Hitze, also um die 150° bis 160° sind optimal zum schonenden Garen von Fischgerichten aber auch für zarte Braten (Geflügel oder Kalb). Eine Faustregel: Je niedriger die Temperatur umso länger die Garzeit. Auch Fritieren in heißem Öl wird in der Fachsprache als Backen bezeichnet.

Bain-marie

Darunter versteht man in der Küchensprache in erster Linie ein heißes Wasserbad, in dem Speisen warm gehalten werden. Es erfüllt jedoch mehrere Aufgaben, u. a. das Schmelzen von Schokolade oder Kuvertüren für Kuchen, Cremespeisen und Desserts. Auch bei einer klassischen Mousse au chocolat wird das Eiweiß warm über einem Wasserbad aufgeschlagen. Die Mousse wird dadurch besonders luftig und hat einen guten Stand. Bei der Zubereitung von warmen aufgeschlagenen Soßen, wie etwa einer Hollandaise oder Bearnaise ist das Wasserbad unerläßlich, denn es garantiert eine problemlose und schonende Zubereitung. Das Eigelb wird langsam erhitzt und bekommt dadurch das richtige Volumen, um sich später gut mit der flüssigen Butter zu verbinden.

Bardieren

Magere Fleischstücke, vor allem Rehrücken, Fasan, Hasenrücken, werden mit Speckscheiben umhüllt und mit Küchengarn verschnürt. So bleiben die Fleischteile schön saftig, trocknen nicht aus und bekommen zusätzlich einen guten Geschmack.

Begießen

Gargut wird mit dem austretenden Bratensaft, der sich in der Form oder auf dem Backblech sammelt, immer wieder begossen. Zusätzlich kann man Wein, Brühe oder einfach nur klares Wasser verwenden. Durch ständiges Begießen und »Pflegen« des Gargutes bleibt es schön saftig und trocknet nicht aus. Diese naturelle Soße schmeckt besonders intensiv, da alle Geschmacksstoffe der Soße darin enthalten sind.

Beizen

Sowohl Fleisch wie auch Fisch kann man in Beizen einlegen. Fleisch wird durch diesen Vorgang mürber und durch die Aromen der Beize aromatischer. Roher Lachs wird mit Salz, Zucker, Gewürzen und Kräutern gebeizt und dadurch nicht nur würziger, sondern auch länger haltbar.

Beurre manié

Gleiche Teile Mehl und weiche Butter werden verknetet und flöckchenweise in kochende Flüssigkeit eingerührt. Dieses schnelle Bindemittel mit feinem Butteraroma ist besonders leicht zu handhaben, da sich durch die Butter-Mehl-Verbindung beim Kochen keine Klümpchen bilden.

Blanchieren

Gemüse, wie z.B. Spinat, Wirsing, Lauch und Karotten, wird in reichlich kochendem Wasser kurz gekocht. Wichtig ist das anschließende Abschrecken in Eiswasser. Das Gemüse bleibt dadurch knackig und behält ihre ursprüngliche Farbe. Nach dem Blanchieren wird das Gemüse, je nach Rezept noch in heißer Brühe oder Butter erhitzt und dann serviert.

Blini

Russisches Hefegebäck aus Buchweizenmehl, werden in kleinen Spezialpfannen gebacken. Zur besseren Bindung wird das Buchweizenmehl zusätzlich noch mit Weizenmehl vermischt. Klassisch werden sie zu Kaviar serviert. Auch als Beilage zu geschmortem Fleisch und Wild schmecken die kleinen luftigen Pfannkuchen besonders lecker.

Bouquet garni

Kräutersträußchen bestehend aus unterschiedlichen frischen Kräutern, das zusammengebunden mitgegart wird. Vor dem Anrichten wird das Sträußchen wieder entfernt.

Braisière

Dieser große feuerfeste Schmortopf ist eine notwendige Anschaffung für alle, die Schmorgerichte, wie z.B. Ochsenschwanz und Wildragout lieben. Das Gargut kann durch die große Oberfläche des Schmortopfes sein Aroma voll entfalten. Es gibt die Töpfe in rund aber auch in oval, die gerade für längliche Braten, wie Lammkeule oder Rollbraten wunderbar geeignet sind.

Braten

Braten ist Garen im heißen Fett. Deshalb eignen sich zum Braten am besten hocherhitzbare Fette und Öle, wie z.B. Sonnenblumenöl, Butterschmalz oder Gänseschmalz. Fettreiche Fleischteile wie z.B. T-Bonesteak oder Schweinekoteletts kann man in einer beschichteten Grillpfanne auch gut ohne Fett braten. Schweinekrustenbraten wird wegen seines hohen Fettanteiles häufig nur mit etwas Wasser begossen im Backofen gebraten. Dabei muß die Schwarte immer oben sein, denn durch die starke Hitze zieht sich das Fett zusammen, verfärbt sich und wird zur festen und sehr geschmackvollen Kruste.

Bridieren

Fleischstücke, wie z.B. Rouladen und Geflügel werden mit Küchengarn gebunden und dadurch in Form gebracht.

Brunoise

In kleine Würfel geschnittenes Gemüse oder Kartoffeln.

Canapé

Kleine, mundgerechte Brotscheiben mit unterschiedlichem Belag wie Räucherlachs, Gänsestopfleber, Kaviar, geräucherte Entenbrust, Schinken usw.

Celestine

Fein geschnittene Pfannkuchenstreifen als Einlage für klare Brühen.

Chiffonade

Fein geschnittene Kopfsalatstreifen, die zu Shrimps-Cocktails serviert werden.

Chinois

Spitzsieb zum Passieren von Soßen und Suppen.

Cocotte

Feuerfeste ovale Form aus Porzellan oder Steingut.

Concassée

Tomaten blanchiert, enthäutet, geviertelt, entkernt und klein geschnitten.

Crêpes

Dünne Pfannkuchen, die aus einem Teig mit Öl zubereitet werden. Die Pfannkuchen werden langsam in einer Pfanne hell gebacken. Sie können süß mit Marmelade oder Schokoladencreme, aber auch herzhaft mit einer Gemüsefüllung serviert werden.

Dämpfen

Das heißt Garen über Wasserbad, ohne daß das Gargut mit der Flüssigkeit in Berührung kommt. Das Gargut wird auf einem Siebeinsatz über leicht siedendem Wasser oder Brühe schonend im Dampf gegart. Die Aromen bleiben durch diese Garmethode besonders gut erhalten. Gemüse bleibt knackig und geschmackvoll, Fisch kann auch ohne Fettzugabe aromatisch zubereitet werden. Besonders eignet sich diese Zubereitungsart für Diäten, Kleinkinder und Personen, die aus gesundheitlichen Gründen auf eine fettarme Ernährung achten müssen. Aber auch für alle die echten, unverfälschten Genuß lieben ist Dämpfen ideal.

Dünsten

Gargut wird mit etwas Fett und wenig Flüssigkeit in einem Topf offen gegart. Diese Garmethode eignet sich besonders gut für Gemüse- und Fischgerichte.

Duxelles

Farce aus klein gehackten Pilzen, angeschwitzt mit Zwiebelwürfeln und Kräutern. Klassische Anwendung für Rinderfilet »Wellington« (im Blätterteig gebacken).

Farce

Fein gehacktes Fleisch oder Fisch, aus dem entweder eigenständige Gerichte zubereitet werden, wie z.B. Hechtklößchen, Brätnockerl oder Rehklößchen. Sie dient auch als Basis für Terrinen und Pasteten, wie z.B. Rehterrine oder Wildschweinpastete.

Filet

Bei Schlachtfleisch ist es die Bezeichnung für die Lende, bei Lamm, Kaninchen, Reh, Hase, Hirsch etc. für den ausgelösten Rücken sowie für die kleinen »richtigen« Filets. Bei Geflügel sind es die ausgelösten Brüstchen, bei Fisch der ausgelöste Fisch ohne Kopf, Karkassen und Gräten.

Filetieren

Fleisch, Geflügel, Wild und Fisch werden mit einem scharfen Messer von den Knochen gelöst.

Flambieren

Abbrennen und Anzünden mit hochprozentigem Alkohol (Cognac, Grand Marnier) von Fleisch oder auch Süßspeisen. Berühmt sind vor allem Rinderfiletstreifen »Stroganof«.

Fleurons

Kleine gebackene Blätterteigstücke in verschiedensten Formen, wie z.B. Blumen, Schiffchen und Hummer. Werden zu Fischgerichten mit Soße oder zu Hühnerfrikassee gereicht.

Fond

Grundbrühe für Suppen und Soßen, die beim Kochen von Kalb, Rind, Wild, Geflügel oder Fisch entsteht. Wichtig ist dabei, dass die Fonds langsam köcheln und dabei der sich immer wieder bildende Schaum mit einer Schöpfkelle abgeschöpft wird. Beim abgekühlten Fond die Fettschicht abnehemen, so wird der Fond besonders leicht und klar.

Frittieren

Bei dieser Garmethode wird das Gargut in heißem Fett schwimmend ausgebacken. Nach dem es gar und knusprig ist, nimmt man es mit einem Schaumlöffel aus dem Fett und läßt es auf einem Küchenpapier gut abfetten. Da das heiße Fett oftmals spritzt, ist Vorsicht geboten. Eine elektrische Fritteuse mit exakt einstellbarer Temperatur ist sinnvoll. Nicht nur zum Schutz vor Fettspritzern auch wegen des unangenehmen Geruches beim Frittieren. Zum Frittieren eignen sich z.B. geschälte, rohe, kleingeschnittene Kartoffeln, Garnelen und Gemüse im Tempurateig, gebackene Grießklößchen als Suppeneinlage, aber auch Süßspeisen, wie z.B. Krapfen, Apfelbeignets etc.

Gazpacho

Kalte spanische Gemüsesuppe aus frischen Tomaten, Gurken, Knoblauch und frischen Kräutern. An heißen Sommertagen schmeckt sie besonders gut.

Glasieren

Überglänzen oder Übergießen von Gemüse, Fleisch, Fisch oder Süßspeisen. Dazu verwendet man entweder einen entsprechenden Fond, das eigene Bratfett, einen hell gekochtem Karamel, Gelee, heiße Konfitüre oder auch Zuckerguss.

Gnocchi

Kleine Klößchen, die in Italien je nach Region entweder aus Kartoffelteig, Grieß-, Ricotta- oder Brotmasse gemacht und anschließend in kochendem Salzwasser kurz gegart werden.

Gratinieren

Bei starker Oberhitze von etwa 220° C werden Gerichte überbacken, bis eine braune Kruste entsteht. Zum Überbacken eignen sich geriebener Käse oder Brotbrösel oder eine Mischung aus beiden.

Grill

Gargut wird auf einem Rost ohne Fett gegrillt. Durch das Grillen bekommt das Gargut einen wunderbar rauchigen Geschmack. Gerade für Menschen, die sich kalorienbewußt ernähren ist das Grillen besonders empfehlenswert. Fleisch, Fisch, Geflügel aber auch Gemüse wird ohne Fettzugabe gegart.

Julienne

Gemüse wird geschält und in hauchdünne, zündholzlange Streifen geschnitten, blanchiert und als Garnitur für Fisch, Fleisch oder Geflügelgerichte verwendet.

Jus

So bezeichnet man den austretenden Bratensaft bzw. Fleischsaft, aber auch extra angesetzte braune Soßen aus unterschiedlichen Fleischsorten.

Kaltschale

Kalte Fruchtsuppe aus pürierten Früchten, wie z.B. Himbeeren, Melonen, Erdbeeren, werden mit Zitronensaft und je nach Geschmack mit Weißwein fein püriert und mit frischen Kräutern verfeinert. Wichtig ist, dass sie gut gekühlt serviert werden.

Karkassen

Knochen und Gerüst von Geflügel und Fisch, die zum Ansetzen von Soßen und Fonds verwendet wird.

Klären

nennt man das Entfernen aller Trübstoffe aus Suppen, Fonds oder Gelees mit Hilfe von leicht geschlagenem Eiweiß. Das gerinnende Eiweiß schließt die kleinen Schmutzteile ein, wodurch sie mühelos abgeschöpft werden können.

Klärfleisch

Für Klärfleisch wird sehnenreiches, mageres und muskulöses Fleisch, wie z.B. Rinderwade, verwendet. Fleisch wird mit Wurzelgemüse und Kräutern durch die grobe Scheibe des Fleischwolfs gedreht und mit etwas angeschlagenem Eiweiß und einigen Eiswürfeln verrührt und langsam unter ständigem Rühren erhitzt. Zum Klären sollten die Zutaten eiskalt sein – auch die Brühe muss vollständig ausgekühlt sein. Das Eiweiß fängt bei 70 °C an zu gerinnen und umschließt so die Trübstoffe in der Brühe. Dadurch wird die Brühe klar und bekommt zusätzlich ein kräftigeres Aroma. Zum Klären eignen sich Rinderbrühe, Wildbrühe, aber auch Gemüse- und Fischsuppen (wobei dann natürlich nur mit Eiweiß und Gemüse geklärt wird).

Köcheln

Gargut wird bei schwacher Hitze sanft gegart, dadurch bleibt es saftig und kann so das volle Aroma besser entwickeln. Gerade bei der Herstellung von Suppen und Soßen wird diese Garmethode verwendet.

Kraftbrühe

auch Consommé genannt, muß geklärt werden. Doppelte Kraftbrühe – Consommé double – wird zweimal geklärt. Durch die Verwendung von Klärfleisch bekommt die Brühe einen besonders intensiven und kräftigen Geschmack.

Legieren

Soßen oder Suppen mit Eigelb binden. Nach dem Einrühren darf die Flüssigkeit nicht mehr kochen.

Marinade

Mischungen aus Essig, Zitronensaft oder Buttermilch. Zusätzlich kann sie noch mit Gewürzen oder Kräutern angereichert werden. Man verwendet sie zum Anmachen von Salaten oder zum Einlegen von zartem Fleisch. Gerade die Fleischmarinaden geben der Soße erst den richtigen Pfiff. Denn in ihr sammeln sich die verschiedenen Geschmacksrichtungen aus Kräutern, Gemüse und Gewürzen.

Mehlieren

Kurzes Wenden in Mehl von Fisch- oder Fleischscheiben vor dem Braten. Durch das Mehlieren bekommt das jeweilige Gargut eine wohlschmeckende Kruste und bleibt zusätzlich schön saftig.

Mie de pain

Geriebenes trockenes Weißbrot ohne Rinde. Verwendet man zum Binden von Farcen, zum Panieren von Fisch, als Kruste zum Überbacken von Lamm etc.

Minestrone

Klassische italienische Gemüsesuppe, die in jeder Region und je nach Jahreszeit immer wieder andere Gemüsezutaten enthält. Ein »Muss« sind Bohnenkerne und Nudeln.

Mirepoix

Klein gewürfeltes Gemüse, manchmal auch Speck und Kräuter, in Butter geröstet als Würzmittel für Soßen.

Montieren

Suppen und Soßen, aber auch Desserts werden am besten mit einem Stabmixer aufgeschlagen. Dadurch werden sie nicht nur gebunden, sondern auch locker und schaumig.

Muffins

Kleine amerikanische Kuchen aus schwerem Rührteig und in speziellen Backformen mit Papiertütchen gebacken. Es gibt verschiedenste Muffins, wie z.B. mit Johannisbeeren, Himbeeren, Heidelbeeren, Schokolade

Nappieren

Gemüse, Fleisch oder Fisch mit Soße überziehen.

Panieren

Fleisch- oder Fischscheiben werden vor dem Braten in heißem Fett durch Mehl, verquirltes Ei und zum Schluss durch Semmelbrösel gezogen. Das Gargut wird dadurch außen besonders knusprig und innen bleibt es saftig.

Parieren

Entfernen von Sehnen und Fett von Schlachttieren jeder Art. Die Parüren (Abschnitte) werden für das Kochen von Fonds, Brühen und Soßen verwendet. Wichtig ist ein scharfes Messer, das man flach zum Fleisch hält, damit man nicht zu viel Fleisch abschneidet.

Passieren

Suppen, Soßen, Brühen und Fonds werden durch ein feines Sieb gegossen oder gestrichen. Bei Brühen und feinen Fonds verwendet man zusätzlich noch ein Passiertuch (grob gewebtes Tuch).

Pie

Auch englische Pastete genannt. Es gibt verschiedenste süße und herzhafte Variationen. Typisch für einen Pie ist die flache Form mit einem etwa 5 cm hohen schrägen Rand. Ein Pie wird immer mit einem Teigdeckel abgedeckt. Dabei wird in die Mitte eine kleine Öffnung geschnitten, so dass der Dampf entweichen kann und sich die Füllung nicht allzu sehr aufbläht.

Plattieren

Fleisch oder Fisch wird mit einem Plattiereisen oder dem Boden eines kleinen Topfes zwischen zwei Folien dünn geklopft. Plattiert wird zum Beispiel das Fleisch für Carpaccio, Rouladen oder Fischröllchen.

Pochieren

Garen in heißem Wasser unter dem Siedepunkt von besonders empfindlichem Gargut, wie z.B Fisch, Kalbsbries, Eier oder Austern.

Profiteroles

sind aus Brandteig zubereitete kleine Windbeutel, die man sowohl süß als auch pikant füllen kann.

Püree

Gekochte Kartoffeln oder Gemüse werden durch eine Kartoffelpresse gedrückt und dann beliebig mit Butter, Milch und Sahne verfeinert.

Reduzieren

Flüssigkeit wird so lange eingekocht, bis sie eine sämige Konsistenz hat. Durch mehrmaliges Reduzieren bekommt die Soße einen besonders aromatischen Geschmack und zusätzlich einen schönen Glanz.

Roux

Ist die Bezeichnung für helle oder dunkle Mehlschwitzen. Butter wird erhitzt, Mehl eingerührt, mit Flüssigkeit aufgegossen und mindestens 15 Minuten unter ständigem Rühren gekocht. Bei einer dunklen Roux wird das Mehl »abgebrannt«, bis es eine braune Farbe hat. Da dadurch die Bindefähigkeit des Mehls nachlässt, muss die Mehlmenge erhöht werden. Dunkle Roux verwendet man für saure Kutteln, Nieren und Leber, sauren Bohnen- und Linseneintopf.

Royale

Besser bekannt als Eierstich. Eier und Milch werden miteinander verrührt, gewürzt und in gebutterte Förmchen gefüllt und im Wasserbad bei 70 bis 80 °C pochiert.

Salamander

Elektrisches Gerät, das in der Gastronomie zum Überbacken und Bräunen von Gerichten verwendet wird. Vergleichbar mit einem Grill.

Samtsuppen

Pürierte und gebundene Suppen werden mit einer Eier-Sahne-Mischung abgerundet. Nach dem Einrühren der Legierung sollte die Suppe nicht mehr kochen, da das Eigelb sonst gerinnen würde.

Sautieren

Fachausdruck für das rasche Anbraten von dünnen Fleisch- oder Fischscheiben oder auch Gemüsestückchen unter Schwenken in einer Stielkasserolle (Sauteuse).

Schmoren

Darunter versteht man ein kombiniertes Garverfahren aus Braten und Kochen. Zuerst wird das Gargut in heißem Fett von allen Seiten angebraten. Dadurch schließen sich die Poren, das Fleisch bekommt eine leichte Kruste, Röststoffe bilden sich, die später für Farbe und Geschmack der Soße wichtig sind. Anschließend wird mit einer beliebigen Flüssigkeit aufgegossen und zugedeckt im vorgeheizten Backofen langsam gar geschmort. Zum Schmoren eignen sich kräftige Fleischteile, wie z.B. Ochsenschwanz, Gulasch, Rinderbraten oder Lammragout.

Sieden

Gleichbedeutend mit der Zubereitungsart des Kochens. Das Gargut wird in reichlich Flüssigkeit gekocht. Die Temperatur beträgt während der ganzen Kochzeit etwa 100° C.

Suppenknochen

Sind wichtig für das Ansetzen von Brühen, um einen intensiven Geschmack zu bekommen. Ideal sind glatte Rinderknochen aus Gelenk und Wade. Am aromatischsten sind die Markknochen. Gerade in heutiger Zeit sollte der gezielte Einkauf von Fleisch beim bekannten Metzger des Vertrauens oder aus garantiert ökologischer Zucht an erster Stelle stehen. Nur so kann man Infektionen, die auf Krankheiten, wie z.B. BSE (Rinderwahnsinn) zurückzuführen sind, vorbeugen.

Soufflé

Besonders zarte, mit Eischnee aufgelockerte Aufläufe, die süß oder pikant sein können. Ein Menü, das z.B. mit einem Schokoladensoufflé gekrönt wird, bleibt sicher immer in besonders guter Erinnerung.

Spicknadel

Besonders magere Fleischstücke, wie z.B. Rehrücken oder Hasenrücken werden mit Hilfe einer Spicknadel mit schmalen Speckstreifen gespickt. Der Speck verhindert das Austrocknen des Fleischstückes und verleiht dem mageren Gargut außerdem Geschmack.

Suprême

Bezeichnung für das beste Teilstück eines Schlachttiers, das immer auf feinste Art zubereitet wird. Auch »Königsstück« genannt.

Tartelett

Kleine Törtchen aus Mürbe- oder Blätterteig, die süß oder pikant gefüllt werden.

Timbale

Kleine Pastetchen oder Terrinen, die in Becherformen gefüllt und entweder im Backofen gebacken oder im Wasserbad pochiert werden.

Tomatisieren

Gemüse oder Knochen werden nach dem Anbraten mit Tomatenmark vermischt und miteinander angeröstet. Soßen oder Suppen werden so besonders aromatisch.

Tournieren

Gemüse und Kartoffeln mit einem speziellen Messer – kleines Messer mit halbmondförmiger Schneide – in die gewünschte Form schneiden.

Tranchieren

Fleisch- oder Fischstücke in einzelne Scheiben (Tranchen) zerlegen. Am besten tranchiert man auf einem Brett mit einer Saftrinne und mit Hilfe eines speziellen Tranchierbestecks.

Vinaigrette

Salatmarinade auf einer Essig-Öl-Basis, die beliebig aromatisiert werden kann. Auch ein Fleisch- oder Fischcarpaccio schmeckt erst durch die gut abgeschmeckte Vinaigrette.

Vollwertkost

Ausgewogene und abwechslungsreiche Ernährung auf der Basis gesundheitlich wertvoller Nahrungsmittel wie Vollkornprodukte, Fleisch, Fisch und Geflügel aus natürlicher Haltung und frischem Gemüse.

Wattiren

Ausstreuen von gebutterten Soufflé- und Auflaufförmchen mit Kristallzucker, damit sich beim Stürzen der Inhalt leicht aus der Form löst.

Zesten

Mit einem Zestenreißer wird die Schale von unbehandelten Orangen oder Zitronen in dünnen Streifen abgeschält. Es gibt spezielle »Zestenreißer« mit einer oder mehreren Einkerbungen schon im Handel zu kaufen.

Kräuter und Gewürze

Agar Agar

Das Bindemittel aus getrockneten Algen mit asiatischer Herkunft wird als pflanzliches Geliermittel verwendet, wie z.B. bei der Herstellung von Puddingpulver, Tortenguß oder Schmelzkäse. Agar Agar löst sich nur in heißer Flüssigkeit und hat eine besonders starke Bindefähigkeit. Empfehlenswert ist daher die Gebrauchsanleitung genau zu beachten. Gerade für die vegetarische Ernährung bietet Agar Agar eine geeignete Alternative zur herkömmlichen Gelatine, die aus Rinderknochen hergestellt wird. Agar Agar wird häufig mit anderen Bindemitteln, wie z.b. Johannisbrotkernmehl kombiniert, da Agar Agar praktisch unverdaulich ist und somit eine erhöhte Wirkung erzielt werden kann.

Anis

Mit Anis verbindet man immer den herrlichen Duft der Weihnachtsbäckerei. Es gibt die getrockneten Spaltfrüchte ganz, gequetscht oder gemahlen. Auch in der herzhaften Küche wird Anis verwendet, wie z.B. zum Würzen und Marinieren von Fisch und zum Ansetzen von Fischfonds.

Basilikum

Der Spitzenreiter unter den frisch verwendeten Küchenkräutern sind die aromatischen Blätter dieses einjährigen Würzkrautes. Sie verfeinern Salate ebenso wie mediterrane Gerichte jeder Art und dürfen bei allen Speisen rund um die Tomate nicht fehlen.

Beifuß

Verwendet werden die kurz vor dem Aufblühen geschnittenen Zweigspitzen, die sich auch gut trocknen lassen. Ein absolutes »Muß« bei Gänsebraten.

Bohnenkraut

Wie der Name sagt, würzt man mit dem pfeffrigen Kraut natürlich alle Bohnengerichte, aber auch andere deftige Eintöpfe. Die Stengel werden mitgekocht, die jungen Triebe frisch gehackt und kurz vor Ende der Garzeit untergemischt.

Borretsch

Kraut mit rauh behaarten Blättern und wunderschönen bläulichen Blüten. Hat einen leicht bitteren würzigen Geschmack und eignet sich zum Verfeinern von Blattsalaten, Suppen, Kohl und Fleischgerichten.

Brunnenkresse

Wächst wild an feuchten Stellen (Teichen, Gräben, Bächen), wird aber auch angebaut. Hat einen rassigen, würzigen und pikanten Geschmack. Schmeckt pur als Rohkostsalat, aber auch in Cremesuppen, Risottos oder Kartoffelsalat.

Chilis

Die kleinen Schoten verleihen frisch, getrocknet, pulverisiert oder auch eingelegt allen Speisen eine aromatische Schärfe. Bei der Verwendung frischer Schoten ist es sinnvoll, die Kerne zu entfernen.
Vor allem in Mexiko sowie im Südwesten Amerikas sind sie ein überaus geschätztes Würzmittel.

Curry

Bis zu 30 verschiedene Gewürze können in Currymischungen enthalten sein, unter anderem Kurkuma, Pfeffer, Kümmel, Nelken, Ingwer, Piment, Kreuzkümmel. Eine vielseitig verwendbare Würze für Fleisch, Fisch und Geflügel.

Dill

Das einjährige süßlich–würzige Kraut verwendet man frisch zum Verfeinern von Quarkspeisen, Soßen, Fisch- und Gemüsegerichten – besonders beliebt ist es zu Gurken.

Estragon

Wildwachsend kommt Estragon oft im Süden Europas vor. Er hat einen feinwürzigen Geschmack. Man verwendet ihn solo, z.B.

für Estragonessig oder -senf, sowie für eine Bearnaise oder diverse Geflügel- und Fischgerichte. Er eignet sich aber auch vorzüglich zum Kombinieren mit anderen Gewürzen wie Kerbel, Schnittlauch und Petersilie. Vorsichtig dosieren, da das Kraut ziemlich intensiv schmeckt.

Fenchelsamen

Mit Fenchel gewürzte Speisen bekommen eine exotisch-fernöstliche Note. Außerdem sind die würzigen Samen ein beliebtes Brotgewürz. Gerade für Fischgerichte und Fischfonds werden gerne leicht zerstossene Fenchelsamen verwendet.

Fines herbes

Klassische französische Kräutermischung aus Petersilie, Kerbel, Schnittlauch, Thymian, Rosmarin und je nach Hersteller weiteren unterschiedlichen Kräutern. Gibt es frisch, getrocknet und auch tiefgekühlt.

Galgantwurzel

Enger Verwandter der Ingwerfamilie, daher auch ein wichtiges Gewürz der südostasiatischen Küche. Die Wurzeln werden frisch, getrocknet sowie gemahlen und eingelegt angeboten.

Garam masala

Die Mischung von acht bis 13 Gewürzen heißt übersetzt »heiße Gewürze«. Sie ist ein ein fester Bestandteil indischer Gerichte und wird in ihrer Heimat von Familie zu Familie speziell zusammengemixt. Bei uns ist Garam masala im Asien-Shop erhältlich.

Gartenkresse

Die kleine Verwandte der Brunnenkresse ist etwas weniger aromatisch. Im Handel sind kleine Pflänzchen in Pappbehältern oder Samen zum Selberziehen erhältlich. Gartenkresse wird gerne zum Garnieren von Eierspeisen oder Salaten verwendet.

Ingwer

Die saftigen Wurzeln des Ingwers haben ein fruchtig scharfes Aroma. Ingwer vertägt sich sowie mit würzigen als auch mit süßen Speisen, die immer eine interessante exotische Note bekommen. Ingwer läßt sich zur besseren Vorratshaltung auch wunderbar einfrieren. Je nach Menge einfach immer nur ein Stück abbrechen.

Kapuzinerblüten

Die Blüten der Kapuzinerkresse sind nicht nur Dekoration, ihr würzig-herber Geschmack verleiht jedem Salat eine pfiffige Note.

Kardamon

Ist nach Safran eines der teuersten Gewürze der Welt. Die getrockneten Schoten oder Samen werden bei uns meist nur gemahlen angeboten. Eine Messerspitze reicht aus, um Reisgerichten, Kuchen oder Lebkuchen einen besonderen Touch zu verleihen.

Kerbel

Der feine leichte Geschmack verfeinert jedes Frühjahrs- und Sommergericht. Verwendet wird er bei Salaten, Suppen und Fischgerichten und ist zudem sehr dekorativ.

Knoblauch

Für Genießer und Freunde der mediterranen Küche ist Kochen ohne Knoblauch unvorstellbar. Frisch gehackt verfeinert er Salate, kalte Soßen und Brotaufstriche. Die mitgegarten Knoblauchzehen runden jeden Braten, jedes Schmorgericht und alle Grillspeisen optimal ab.

Gelatine

Dieses tierische Bindemittel wird aus Rinderknochen hergestellt. Blattgelatine muß vor dem Gebrauch grundstätzlich in reichlich kaltem Wasser etwa fünf Minuten quellen. Gelatine ausdrücken und in warmer Flüssigkeit auflösen. Gerade beim Binden von Cremespeisen ist besondere Sorgfalt gefragt. Einfach ein paar Esslöffel Creme unter die Gelatine rühren und diese Mischung unter die restliche Creme heben. So gelingt die Cremespeise garantiert – auch ohne Klümpchen.

Koriander

Während man die getrockneten Korianderkörner bei uns schon lange Zeit verwendet, hat frischer Koriander erst in den letzten Jahren unsere Märkte erobert. Fein geschnitten verleiht das würzig süßliche Küchenkraut den Speisen ein ganz individuelles exotisches Aroma. Vorsichtig dosieren – vor allem, wenn man noch nicht an den Geschmack gewöhnt ist.

Kreuzkümmel

Dieses klassische Gewürz der asiatischen Küche ist im Unterschied zu herkömmlichen Kümmel (auch »gemeiner« Kümmel genannt) wesentlich intensiver im Geschmack. Man benötigt es für die Zubereitung von Currypasten. Es verleiht geschmorten Fleischstücken aus Lamm, Zicklein oder Rindfleisch eine exotisch-interessante Note.

Kümmel

Wird auch häufig »gemeiner Kümmel« genannt und ist »das« Würzmittel für fette und deftige Gerichte, wie z. B. Kasseler, Schweinekrustenbraten, Weißkraut und Eintöpfe – nicht nur des feinen Geschmacks wegen, sondern auch, weil es die Verdauung fördert. Auch bei der Zubereitung von Bauern- und Gewürzbroten ist Kümmel – im ganzen oder gemahlen – unerläßlich. So manche »Verdauungsschnäpse« basieren ebenfalls auf den verdauungsfördernden Inhaltsstoffen des Kümmels.

Kurkuma

Auch Gelbwurz genannt, findet gerade in der asiatischen Küche viel Verwendung. Kurkuma ist fester Bestandteil bei der Zubereitung von Currypulver, thailändischen Fisch- und Fleischcurrys und indischen Reisgerichten. Beeindruckend ist vor allem die kräftige, leuchtend-gelbe Farbe. Nicht zu verwechseln mit Safran, denn geschmacklich unterscheiden sie sich sehr.

Lavendel

Im Geschmack ist Lavendel bitter und würzig. Die Blätter passen zu Hammelbraten, gedünstetem Fleisch, Fisch und Salaten. Auch Süßspeisen, wie z.B. einer Lavendelcreme mit Pfirsichen schmeckt besonders raffiniert. Die Blüten sind ausserdem sehr dekorativ.

Liebstöckel

Auch »Maggikraut« genannt, verwendet man zum Verfeinern von Suppen, Salaten und Soßen. Liebstöckel hat einen sellerieartigen Geschmack. Beim Kochen von Brühen kann man Blätter und Stengel verwenden. Abgezupfte, kleingehackte Blätter geben aber auch Semmelknödel oder der Füllung einer Kalbsbrust ein raffiniertes Aroma.

Lorbeer

Die ledrigen Blätter des Lorbeerstrauches haben einen würzig-bitteren Geschmack, der durch Trocknen verstärkt wird. Mit den frischen Blättern würzt man Fisch, die getrockneten dürfen bei sauren Speisen wie Sülzen, Sauerbraten oder Essiggurken niemals fehlen.

Majoran

Das beliebte Küchenkraut mit dem unvergleichlichem Aroma kann man sowohl frisch als auch getrocknet verwenden. Wie fast alle Küchenkräuter schmeckt es frisch gehackt am besten. Majoran verfeinert Kartoffelsuppen, Bratkartoffeln usw. Vorsichtig dosieren, denn vor allem getrockneter Majoran schmeckt sehr intensiv.

Muskat

Die geschälte Muskatnuß verfeinert unter anderem Suppen, Eintöpfe, Wirsinggemüse, Kartoffelpüree. Auch in der Weihnachtsbäckerei wird die geschmacksintensive Nuß gerne verwendet. Muskatnuß schmeckt am besten frisch gerieben.

Nelken

Die Blütenknospen der Nelkenbäume haben ein intensiv-würziges Aroma mit holzig-bitterem Geschmack. Deshalb zurückhaltend dosieren. Mit Nelken würzt man Beizen, Rotkohl und Schmorgerichte sowie natürlich Glühwein und so manches weihnachtliche Gebäck.

Oregano

Auch »wilder Majoran« genannt, ist ein fester Bestandteil der italienischen Küche. Für Pizza, Pasta mit Tomatensoße und vielen Auberginengerichten ist Oregano ein »Muß«. Für Pizza nimmt man besser getrockneten Oregano, da frische Blätter bei der starken Hitze im Pizzaofen braun werden und an Geschmack verlieren.

Petersilie

Das beliebteste aller Kräuter gibt es bei uns glatt- und krausblättrig, aber auch die Wurzel ist eine feinaromatische Würze für Suppen und Soßen. Petersilie liefert nicht nur frischen und guten Geschmack, sie ist auch reich an Vitaminen und Mineralstoffen. Gerade im Winter sollte man die Verwendung von Kräutern nicht vergessen.

Pfeffer

Schwarzer und weißer Pfeffer unterscheiden sich nicht nur optisch, sondern auch geschmacklich. Für schwarzen Pfeffer werden die Früchte unreif geerntet und getrocknet. Weißer Pfeffer wird aus den reifen Früchten gewonnen, die vor dem Trocknen noch geschält werden. Er ist milder, etwas feiner im Geschmack und nicht so scharf.

Pfefferminze

Nicht nur als Pfefferminztee, auch in Süßspeisen kommt die Minze voll zur Geltung. Raffiniert schmecken Minzeparfait oder -eis, -cremes sowie Drinks. Minzeblätter sind aber auch eine tolle Deko und in der fernöstlichen Küche verfeinert das frische, würzige Kraut Suppen, Salate und Fleischgerichte.

Piment

Das vielschichtige Aroma entfaltet sich am besten, wenn man die Körner im Mörser frisch zerreibt. Mit Piment würzt man Lamm- und Rindfleischragouts, Würste, Pasteten und Lebkuchen.

Pimpinelle

Zum Würzen mit Pimpinelle verwendet man die Blätter vor der Blüte. Pimpinelle nur frisch verwenden, getrocknet hat sie kein Aroma mehr.

Portulak

Die grünen, fleischigen Blätter können einerseits roh unter den Salat gemischt werden oder wie im Fernen Osten als Gemüse zubereitet werden. Die Blätter schmecken erfrischend und leicht salzig.

Rosmarin

Vor allem in Italien und Frankreich wird gerne mit Rosmarin gekocht. Ob in Suppen, Kartoffel-, Gemüse-, Fleisch- oder Fischgerichten – Rosmarin darf nicht fehlen. In der Kräutermischung »Herbes de Provence« ist Rosmarin ein fester Bestandteil.

Safran

Dieses leuchtende Gewürz ist das »Gold« der guten Küche. Der Preis ist zwar enorm hoch, aber man benötigt dafür nur winzige Mengen. Einige Fäden oder etwas gemahlener Safran reichen aus, um Gerichten wie französischer Bouillabaisse, spanischer Paella oder einem Risotto »milanese« einen eigenen und ganz individuellen Geschmack zu verleihen.

Salbei

Der strenge, leicht bittere Geschmack der Salbeiblätter harmoniert sehr gut mit Gänse- oder Lammbraten und ist ein fester Bestandteil des italienischen Klassikers »Saltimbocca« (Kalbschnitzel mit Salbei und Parmaschinken). Die frischen Blätter schmecken auch in Weinteig getaucht und ausgebacken.

Schnittlauch

Ein Klassiker der deutschen Küche, der ganzjährig angeboten wird. Frisch in hauchdünne Röllchen geschnitten ist Schnittlauch äußert vielseitig verwendbar, wie z.B. für Kräuterquark, Butterbrot mit Schnittlauch, Rührei oder zu frischem Spargel. Die schönen Blüten des Schnittlauchs sind nicht nur sehr dekorativ, sondern auch sehr geschmackvoll. Gerade im Sommer sind sie nicht nur optisch eine Bereicherung für Salate.

Senfkörner

Vor allem beim Einlegen von Gemüse wie Gurken, Zucchini, Kürbis, Mixed Pickles oder Silberzwiebeln dürfen Senfkörner niemals fehlen. Sie verleihen aber auch Marinaden für Sauerbraten oder Fischfonds einen sehr feinen und typischen Geschmack.

Sternanis

Diese kleinen, sternförmigen aus China stammenden Samen kann man zum Backen aber auch zum Kochen verwenden. Sie sind eine köstliche Würze für Lammkeule mit getrockneten Aprikosen oder süß-sauer mariniertem Rindfleisch. In der »süßen« Küche verfeinert man damit Apfel- oder Quittenkompott, aber auch eine Suppe mit exotischen Früchten bekommt durch Sternanis ein raffiniertes Aroma.

Tamarinde

Die Schoten beinhalten einen sehr sauren Saft, der in der indischen und thailändischen Küche häufig verwendet wird. Im Handel sind die klebrigen, getrockneten Schoten erhältlich. Gerichte, wie z.B. Gebratener Fisch mit Tamarindensoße, Kirschtomaten und frischem Ingwer sind ein Hochgenuss.

Thai-Basilikum

Der Name verrät die Herkunft. Es ist ein wichtiges Gewürz in der thailändischen Küche. Thai-Basilikum verfeinert gebratene Nudelgerichte, Soßen und Currys. Man bekommt ihn meist nur in asiatischen Geschäften. Er ist sehr empfindlich und sollte daher möglichst frisch verarbeitet werden.

Thymian

Sein angenehm würzig-süßliches Aroma passt zur Mittelmeerküche wie der Rosmarin. Er ist außerdem ein fester Bestandteil der »Herbes de Provence«. Ob Fleisch, Fisch, Geflügel oder Gemüse, Thymian verleiht jedem Gericht das gewisse Etwas.

Topinambur

Von Oktober bis Mai werden die unterirdisch wachsenden Knollen überwiegend in Niedersachsen und in Baden geerntet. Man kann sie kochen, dünsten, braten oder auch roh genießen.

Vanille

Die Fruchtschoten des tropischen Vanilleorchideenbaumes verfeinern Desserts, Kuchen, Eis, Gebäck usw. mit einem sehr angenehmen, unaufdringlichen Geschmack. Für Kuchen und Teige verwendet man das ausgekratzte Mark. Bei der Zubereitung von Eis oder Milchreis wird die ausgekratzte Schote einfach in heißer Flüssigkeit gekocht, bis sich die feinen Aromen lösen.

Wacholderbeere

Die dunklen Beeren schmecken leicht bitter und haben einen harzigen Beigeschmack. Je kleiner die Beeren, desto würziger ihr Aroma. Kräftige Rotweinsoßen, Schmorgerichte, Wildgerichte und Pasteten harmonieren vorzüglich mit möglichst frischen Wacholder beeren.

Waldmeister

Frischen Waldmeister gibt es nur im Monat Mai. Bekannt ist der mit Waldmeister aromatisierte Maiwein und die Maibowle. Waldmeister ist auch in der süßen Küche beliebt. Ein Leckerbissen sind frische Erdbeeren mit Waldmeister mariniert oder Weingelee mit Früchten und frischem Waldmeister.

Wasabi

Sehr scharfer grüner Meerrettich, der als Paste oder Pulver angeboten wird. Bekannt als Würze für Sushi und viele andere japanische Gerichte. Vorsicht ist bei der Dosierung geboten. Wasabi wird beim Servieren von Sushi daher immer extra gereicht.

Worcester-Soße

Flüssige Würzsoße, die ursprünglich aus England stammt. Die Soße besteht hauptsächlich aus Essig, Wein, Zucker, Muskat, Nelken, Chillies, Salz und Pfeffer. Nur einige Tropfen genügen, um Soßen, Eintopfe oder Pasteten zu verfeinern.

Ysop

Im Geschmack einerseits leicht bitter, andererseits frisch wie Minze. Ysop gibt es nur auf gut sortierten Märkten oder man züchtet ihn selbst im Garten. Er gibt Suppen, Buttermischungen und Soßen, aber auch gebratenem Fleisch eine besondere Würze.

Zimt

Der süßlich-blumige Duft der Zimtrinde paßt nicht nur zu vielen Süßspeisen, eine Prise davon peppt auch würzige Fleischeintöpfe oder Fleischsugos auf..

Zitronat

Die dicke Schale der Zitronatszitrone wird in einer Zuckerlösung kandiert. Gerade in der Weihnachtsbäckerei, wie z.B. für Stollen und Panettone wird Zitronat meist in der Kombination mit Orangeat verwendet.

Zitronenblätter

Die dunklen, grünen Blätter werden fein geschnitten. Zum Verfeinern von Currys, Suppen und Fonds. Meist nur in asiatischen Lebensmittelgeschäften erhältlich.

Zitronengras

Findet hauptsächlich in der thailändischen Küche ihren Einsatz. Verwendet wird das dicke Ende der Zitronengrasstengel, die zerquetscht oder auch im Ganzen mitgegart werden. Es schmeckt intensiv nach frischer Zitrone. Frisches Zitronengras ist dem Pulver vorzuziehen.

Zitronenmelisse

Die frischen Blätter sind nicht nur eine beliebte Deko bei Süßspeisen, sie schmecken auch herrlich zitronig. Sie werden zum Aromatisieren von Süßspeisen und Joghurtdrinks, aber auch von Blattsalaten verwendet.

Zucker

Allgemeine Bezeichnung für den aus Zuckerrohr und Zuckerrüben gewonnenen Rohr- und Rübenzucker. Zucker hat eine hohe Süßkraft, liefert Energie – Zucker enthält jedoch keine Vitamine, Ballaststoffe und Mineralstoffe. Ein zu hoher Verzehr von Zucker kann auch zu gesundheitlichen Gefahren, wie z.B. Überernährung, Zahnproblemen, Herz- und Gefäßerkrankungen führen. Nicht wegzudenken ist Zucker jedoch in der Herstellung von Süßspeisen, Kuchen, Gebäcke etc. Aber auch herzhafte Gerichte, wie z.B. glasierte Ente oder Gans verleiht Zucker erst den richtigen Pfiff.

14. Register

Sachregister

Fisch

Krustentiere

Rind

Geflügel

Kaninchen

Wild

Ziege

Innereien

Schinken und Wurst

Lamm

Gemüse

Polenta

Risotto

Pasta

Salat

Soße

Dessert

alphabetisches Register

Die Deutsche Bibliothek - CIP-Einheitsaufnahme

Italien : mehr als 100 klassische Rezepte. - Köln : DuMont, 2001

(Monte von DuMont)

ISBN 3-7701-8645-1

Konzept und Realisation:

FOOD LOOK
KÖLN NEW YORK

Text und Rezepte: FOOD LOOK, Köln

Layout und Satz: FOOD LOOK, Köln

Fachlektorat: Monika Kellermann
und Gertrud Köhn, München

Fotografien: FOOD LOOK, New York
Peter Medilek

Foodstyling: FOOD LOOK , Köln

Umschlagabbildung vorn:
Brigitte Sporrer und Alena Hrbkova

Gesamtherstellung:
Druckerei Appl, Wemding

ISBN 3-7701-8645-1

Printed in Germany